Dans ce monde,
il faut être un peu trop bon, pour l'être assez.
Marivaux

le party le plus seur, c'est de my presenter.
il ne m'importe plus d'estre informé Madame
du reste des secrets que j'ay lus dans votre ame
et ce sera trop fatiguer votre cœur
que de vous demander le nom de son vainqueur
non, vous m'avez tout dit, en gardant le silence
et je n'ay pas besoin de cette confidence,
je pars, si dans ces lieux on n'en veut qu'a mes jours
laisser mes ennemis en terminer le cours,
le malheur ne vaut pas que vous veniez me faire
un trop penible aveu de la foiblesse d'un père
~~non plus Madame,~~ & s'il ne faut que mourir, il vaut mieux que ~~mon br~~
cede a mes ennemis le soin de mon trepas
ei que de leur effroy victime glorieuse
t'en assures en mourant la memoire honteuse
~~mais je vous quitte souvent~~                    ~~qu'on sçache jamais que~~
~~adieu madame on vient~~                          ~~Rome se fera~~
        ~~soit au perte se ne~~          ~~jusqua l'assassiner~~
                        J'adorte
qu'on sçache ajamais que Rome, si son sanal
a pour cet effroy jusqu'a l'assassiner
Et je vous quitte on vient          Seigneur le tems me presse
mais quoyque vous ayez penetré ma foiblesse
vous mesme z'alliez Moi pour ne presumer pas
qu'on puisse m'obtenir apres votre trepas.
                Acte 3. eme

        Laodice   Flaminius

                Laodice

# MARIVAUX

## paul gazagne

© Éditions du Seuil 1954. Toute reproduction interdite, y compris par microfilm. ISBN 2-02-000026-1

écrivains de toujours/seuil

MARIVAUX

# A la recherche
# d'un genre nouveau

*Une bourgeoise contente dans un petit village, vaut mieux qu'une princesse qui pleure dans un bel appartement.* En prononçant ces mots, la Silvia de *La double Inconstance* songe à elle-même, mais, pris au figuré et appliqués à Marivaux, ils définissent presque exactement l'idée à laquelle Marivaux a obéi pour découvrir et pour porter à son apogée un genre nouveau et personnel.

Trois auteurs dramatiques dominaient le siècle précédent. Corneille, dont les héros sont surtout des modèles d'honneur et de magnanimité ; Racine, dont les tragédies sont animées par les paroxysmes de la passion ; Molière enfin, dont la force comique n'est guère du goût de Marivaux. Ces trois princes du théâtre occupent des palais à l'intérieur desquels Marivaux risque un regard ; il se rend compte qu'il ne peut s'y installer et qu'il vaut mieux pour lui être un bourgeois content de vivre dans un logis plus modeste, où n'entrent pas des héroïsmes et des frénésies et où les défauts sont supportables. Ce logis, qu'il faut construire en entier, ne sera le théâtre d'aucun drame, les amours qui s'y abriteront seront des amours sans larmes, et la gaîté s'y manifestera par la gentillesse d'un sourire et non par les éclats du gros rire. Des années de tâtonnements vont être nécessaires avant que soient définitivement jetées les fondations de l'édifice et pourtant, dès la pose de la première pierre, apparaît déjà la fine qualité des matériaux qui seront employés par la suite.

5

◀ Buste par Fanny Dubois
*(Comédie Française).*

Lorsqu'un adolescent est tenté par la carrière des lettres, il déverse en général dans sa première œuvre les idées générales qu'il a adoptées et dont l'influence se manifeste plus ou moins durant toute sa vie. Quand, à dix-huit ans, Marivaux écrit *Le Père prudent et équitable*, il pastiche maladroitement tantôt Molière, tantôt Regnard et il versifie comme un écolier, mais dans les cent premiers vers de sa pièce, se trouve indiquée sa conception juvénile de l'amour.

> *Ces morveuses, à peine ont-elles pris figure*
> *Qu'elle sentent déjà ce que c'est que l'amour.*

Marivaux adolescent voit les femmes sous le même jour que celui où il les peindra plus tard !

> *Si mon amour m'est cher, ma vertu m'est plus chère.*

Toutes les futures hésitations des femmes devant l'attirance et devant le sentiment qu'elles éprouvent pour un homme !

> *On ne perd presque rien à perdre un mauvais cœur.*

Toutes les prudences des amants qui veulent s'assurer de la sincérité de leurs partenaires !

> *Finissons là-dessus ; quand on est sans tendresse*
> *On peut faire aisément des leçons de sagesse.*

*Quand l'amour parle, il est le maître* dira le Dubois des *Fausses confidences*, répétant à peu de choses près ce qu'avait dit le Trivelin d'*Arlequin poli par l'amour* : *Femme tentée et femme vaincue, c'est tout un.* Et enfin, à la dernière scène de la comédie :

> *Je me suis, il est vrai, servi d'un stratagème,*
> *Mais que ne fait-on pas pour avoir ce qu'on aime.*

Voilà annoncés toutes les intrigues, tous les subterfuges, tous les travestissements à venir ! Et cette œuvre de jeunesse, que certains jugent négligeable, l'est si peu que Marivaux se souvient d'elle à la fin de sa vie. Lorsqu'en 1757 il écrit *Félicie*, il prélève un vers du *Père prudent et équitable*, un vers qu'il disloque et qu'il transforme en répliques : *Si mon amour m'est cher, ma vertu m'est plus chère* devient : *Servez-vous de votre raison. — Elle me guérirait de mon amour... et mon amour m'est cher.*

La première tentative dramatique de Marivaux n'a pas eu des lendemains immédiats. Quinze ans s'écoulent avant que le jeune auteur travaille de nouveau pour le théâtre, et durant cette longue période, il produit trois romans, qui sont des parodies, et deux ouvrages burlesques : *L'Iliade travestie* et *Le Télémaque travesti* (1717). Dans ces différentes œuvres, Marivaux ridiculise l'emphase des discours, des actes et des sentiments ; de temps en temps, par une remarque ironique ou une suggestion, il oppose le réel à l'invraisemblable. Le sous-titre des deux premiers romans indique l'intention satirique qui a présidé à leur naissance : *Pharsamon ou Les folies romanesques* (1712) et, l'année suivante, *Les Aventures de \*\*\* ou Les effets surprenants de la sympathie*. Ce sont, en effet, des folies surprenantes auxquelles se livrent les personnages qui se lancent dans des aventures de plus en plus compliquées et qui, n'ayant dans le cœur qu'une sentimentalité romanesque, veulent vivre selon les usages mis à la mode par la littérature du siècle précédent.

Après ces deux satires embrouillées de quelques ouvrages en vogue, vient une troisième œuvre : *La Voiture embourbée* (1714). Des voyageurs sont arrêtés en cours de route par un accident bénin. En attendant que la voiture soit réparée, chacun part en quête d'un gîte ou d'une pitance et, enfin, tout le monde se retrouve à l'auberge. Le récit des recherches effectuées est vivant et plein de verve, Marivaux s'amuse et amuse aussi son lecteur. Il imagine ensuite que les voyageurs, pour passer le temps, entreprennent de raconter une histoire dont l'un d'eux invente le début, qu'un second narrateur poursuit à sa guise, qu'un troisième complique à plaisir et ainsi de suite, jusqu'à ce que le carrosse soit en état de repartir. En cette seconde partie, Marivaux mêle le réalisme qu'il approuve, au fantastique ou à l'imaginaire qu'il condamne. Il cherche encore sa voie. De temps en temps il donne au *Nouveau Mercure* des articles sur des sujets divers où il philosophe et peint des caractères. Ces écrits lui valent le nom de Théophraste moderne ; il récuse ce titre, et, enfin, en 1719, toujours dans *le Nouveau Mercure*, il publie *Cinq lettres contenant une aventure*. Ces lettres reproduisent la conversation de deux jeunes personnes, conversation à cœur ouvert, que le narrateur a surprise. L'une des femmes est une coquette frivole,

l'autre est une amoureuse craintive. La première dit à la seconde : *L'habitude d'aimer languissamment t'a laissé je ne sais quelle bigoterie de langage dont je veux te défaire.*

Sauf en de rares occasions, à partir des *Cinq lettres contenant une aventure*, Marivaux n'emploie plus sa plume à railler les amours platoniques où les amants s'aiment selon les règles et il s'engage dans une voie nouvelle, la sienne. Il s'y engage sans trop savoir où elle le conduit. Le style qu'il adopte pour faire parler ses personnages reproduit le langage qui a cours dans les salons qu'il fréquente et non celui qui sévit dans les romans à la mode. Quelles intrigues inventera-t-il pour ses héros ? Se doute-t-il, tandis qu'il achève la rédaction de la deuxième lettre, qu'en quelques lignes, il a annoncé le thème de la plupart de ses comédies célèbres, et que même, pour deux d'entre elles, il en a trouvé le titre ? La coquette impénitente continue de raconter à sa timide amie ses manœuvres à l'égard des hommes qui la courtisent. Parmi ceux-ci il en est un qu'elle a presque évincé, et qui, avec une envie douloureuse, plus humiliée que brusque, assiste aux agaceries qu'elle prodigue aux autres.

*Cela me toucha*, dit-elle, *l'amour dans mon cœur plaida sa cause, et la gagna, mais si adroitement, que j'avais soulagé la douleur de ce pauvre garçon, quand je croyais en être encore à décider du parti que je devais prendre. Voilà les surprises de l'amour.*

Marivaux n'achève pas ce récit d'une aventure qu'il a entrepris dans les *Cinq lettres*. En collaboration avec le Chevalier de Saint-Jorry, il termine une comédie dont il ne reste que le prologue : *L'Amour et la Vérité*. Elle n'eut aucun succès, mais elle fut jouée par les Comédiens Italiens. A la suite de ce premier et piètre contact avec le théâtre, Marivaux devine les ressources que l'interprétation de ces acteurs étrangers lui offre, car leur fantaisie peut couvrir les audaces d'un dramaturge qui souhaite introduire sur la scène les vérités de l'amour. Il n'envisage pas encore de travailler pour cette troupe, qui est installée à l'Hôtel de Bourgogne ; il a des visées plus hautes. Il a présenté à la Comédie Française, qui l'a acceptée, une tragédie : *Annibal*. L'œuvre est très imprégnée de Racine. Les héroïnes du grand tragique, qui parlent avec une émotion amoureuse à nulle autre comparable, sont des êtres de chair. Elles sont véhémentes ou résignées, et quelques-unes d'entre elles ont été surprises par l'amour. Ériphile, dans *Iphigénie* (Acte II, scène I), n'avoue-t-elle pas le choc sensuel qu'elle a reçu en apercevant Achille ?

> J'entrai dans son vaisseau détestant sa fureur
> Et toujours détournant ma vue avec horreur.
> Je le vis : son aspect n'avait rien de farouche ;
> Je sentis le reproche expirer dans ma bouche ;
> Je sentis contre moi mon cœur se déclarer,
> J'oubliai ma colère et ne sus que pleurer.

La même émotion a été éprouvée par Laodice, dans *Annibal*. La jeune fille analyse ainsi l'impression profonde que lui a faite Flaminius qu'elle abordait en ennemie :

> *Mes dédaigneux regards rencontrèrent les siens,*
> *Et les siens, sans effort, confondirent les miens.*
> *Jusques au fond du cœur je me sentis émue ;*
> *Je ne pouvais ni fuir, ni soutenir sa vue.*
> *Je perdis sans regret un impuissant courroux ;*
> *Mon propre abaissement, Égine, me fut doux.*

> *Annibal* (Acte I, scène I).

Laodice, par raison, lutte contre cette surprise de l'amour :

Mlle Desmares,
◀ qui créa le rôle de Laodice
à la Comédie Française.

*Hélas ! depuis le jour*
*Que pour Flaminius je sentis de l'amour,*
*Mon cœur tâcha du moins de se rendre le maître*
*De cet amour qu'il plut au sort de faire naître.*
                                  *Ibid.* (Acte III, scène 1).

Les jeunes filles, les veuves qui seront les héroïnes du théâtre de Marivaux essaieront en vain de dominer le sentiment ou l'attirance qu'un homme leur inspire. Parfois elles ne démêlent pas tout de suite à quel entraînement elles cèdent ; elles sont comme Andromaque : la veuve d'Hector, dans la tragédie de Racine, s'efforce de détester Pyrrhus mais elle est à la veille d'être surprise par l'amour.

A l'inverse de ces femmes, dont la pudeur s'alarme devant les impulsions de leur sensualité, il en est d'autres qui sont effrontées. La Fée d'*Arlequin poli par l'amour* doit épouser Merlin, mais Arlequin la tente et, croyant lui plaire, elle interroge le naïf garçon avec une précision impudique. *Quand on aime, mon cher enfant, on souhaite toujours de voir les gens ; on ne peut se séparer d'eux ; on les perd de vue avec chagrin ; enfin on sent des transports, des impatiences et souvent des désirs... Est-ce que vous sentez tout ce que je dis là ?* (Scène VII). Lorsque la fée sensuelle découvre qu'Arlequin est épris d'une autre femme, elle manifeste sa déception en des termes qui rappellent beaucoup ceux de Phèdre apprenant les amours d'Hippolyte et d'Aricie. Marivaux se soustrait lentement, et presque à regret semble-t-il, à l'influence de Racine.

Les succès que lui vaut *Arlequin poli par l'amour* sont suivis par ceux qu'il remporte avec *La Surprise de l'Amour* (1722) et *La double Inconstance* (1723). Si aucun souvenir racinien n'apparaît dans ces deux œuvres, il n'en est pas de même dans *Le Prince travesti* (1724). La princesse de Barcelone, Hortense, Lélio et Frédéric éprouvent des sentiments et sont placés dans des situations qui reproduisent, sans violence, ceux et celles de Roxane, d'Atalide, de Bajazet et d'Acomat. *Le Prince travesti* aurait pu s'achever dramatiquement, mais son dénouement est aimable parce que Marivaux a trouvé sa voie. La tragédie met en scène des personnages d'exception et les personnages de Marivaux sont des êtres équilibrés et normaux. Les sentiments des héros tragiques sont des sentiments qui arrivent à leur terme parce qu'ils ont eu le temps de grandir et de s'exaspérer. A leur début ces mêmes sentiments avaient de la douceur ; quand Hermione apprenait le pouvoir de ses charmes, elle savait sourire. Un amour naissant ignore les emportements de la passion. Ce sont les premiers balbutiements de l'amour que Marivaux étudie, et en même temps il utilise le théâtre comme une tribune. Le divertissement qu'est un spectacle lui est très souvent l'occasion d'émettre des idées générales, de moraliser sans en avoir l'air.

Dans *La Surprise de l'Amour*, la Comtesse fait le procès des hommes et multiplie les critiques sur la façon dont ils se conduisent à l'égard des femmes ; Lélio ou le baron répondent à cette diatribe. Dans *La double Inconstance*, Arlequin ose rappeler au prince qu'un souverain a des devoirs à remplir envers ses sujets, et ce même Arlequin, dans *Le Prince travesti*, ne ménage pas les remontrances que méritent un courtisan ou un ministre sournoisement ambitieux. Plus ou moins, chacune de ces pièces reflète les pensées philosophiques ou sociales que Marivaux développe dans un recueil qu'il publie sous le titre : *Le Spectateur français* (1722-1723). Dans cet ouvrage, où les réflexions s'enchaînent aux anecdotes qui y sont contées, apparaît un Marivaux méditatif qui essaie d'inciter les hommes à se recueillir, et qui leur propose une ligne de conduite dictée par la raison et la bonté.

La comédie qu'il donne en 1724 est jouée par les acteurs italiens. Une jeune fille s'y travestit en homme afin d'étudier Lélio, le fiancé qu'on lui destine ; et celui-ci est un petit maître un peu cynique, pour qui le mariage est une formalité présentant des avantages financiers. Le cœur doit être étranger à des unions de cette sorte, professe Lélio ; un mari est courtois avec sa femme pendant quelques semaines, et puis il la délaisse, afin de vivre selon sa fantaisie. *La fausse Suivante ou Le Fourbe puni* est une critique de la légèreté avec laquelle certains contemporains de Marivaux jugeaient qu'il était de bon ton de traiter le mariage. Toute faute méritant une sanction, Lélio est puni de sa frivolité ; aucune des dots qu'il convoitait ne lui appartiendra.

Des enseignements moraux se dégagent de la plupart des premières pièces de Marivaux, même quand ils n'y sont pas explicitement formulés. Avec les trois comédies qui vont suivre, Marivaux entreprend de traiter des sujets sociaux. *L'Ile des Esclaves* est *un cours d'humanité*, destiné à apprendre aux riches qu'ils ont le devoir de ménager leurs inférieurs ; *L'Héritier de village* montre à quels ridicules espoirs se livre une famille de paysans qui construisent des châteaux en Espagne avec l'héritage qu'ils attendent, mais qu'ils n'auront pas ; *L'Ile de la Raison ou Les petits Hommes* met en scène des Européens dont la taille a été réduite en proportion du peu de raison conservé par chacun d'eux et qui reprendront une stature normale lorsque, ayant reconnu leurs torts, le bon sens leur sera revenu. Donnée à la Comédie Française en septembre 1727, cette comédie n'eut aucun succès et tomba dans un oubli total jusqu'au jour où une troupe d'amateurs la rejoua en 1950, pour le plus grand émerveillement du public et aussi de la critique dramatique.

*L'Ile de la Raison,*
nouvelle mise en scène 1975 (Comédie-Française).

*La seconde Surprise de l'Amour* fut pour Marivaux une éclatante revanche de l'échec subi avec l'*Ile de la Raison*. Il revenait avec cette pièce à la comédie amoureuse, à l'étude de cette naissance de l'amour qu'il allait encore délaisser pourtant dans les deux œuvres suivantes. *Le Triomphe de Plutus* (1728) est une satire dirigée contre la corruption que l'argent apporte dans les mœurs et *La Colonie* (1729) est un plaidoyer pour l'émancipation des femmes et pour leur droit à être placées sur le même plan professionnel et politique que les hommes. Le public se montra hostile à une œuvre où les femmes prétendaient exercer des fonctions législatives ou judiciaires. Il y a toujours un inconvénient à être prophète. Marivaux retira sa pièce après la première représentation.

La même année il abandonne la rédaction d'un nouveau recueil de réflexions ou d'anecdotes : *L'indigent Philosophe* et le 23 janvier 1730 les Comédiens Italiens jouent *Le Jeu*

de *l'Amour et du Hasard*. Avec cette œuvre Marivaux revient définitivement au théâtre d'amour, mais ces trois actes si connus contiennent implicitement deux thèmes qu'en général on n'y voit pas, à savoir : d'abord, que l'amour se rit des différences de condition sociale

16

et qu'ensuite, malgré les préjugés et l'éducation reçue, la raison d'une jeune fille vacille lorsque sa sensualité est éveillée par un homme. Comme le théâtre ne lui permet pas de pousser aussi loin qu'il le veut l'analyse de la psychologie d'une jeune fille, Marivaux commence, en 1731, *La Vie de Marianne*. Pendant dix ans il travaille à ce roman de façon intermittente, puis il l'abandonne, mais, dans ce qu'il a rédigé, il a décrit toutes les tentations d'une adolescente coquette, toutes les émotions qu'elle éprouve quand elle commence à aimer, toutes les espérances dont elle se berce et les détresses qui la désespèrent.


Marianne, âgée de deux ans, voyageait avec ses parents et ceux-ci furent assassinés par des voleurs. L'orpheline fut recueillie par un vieux curé qui l'éleva, mais le saint homme mourut quand elle atteignait seize ans. Marianne, qui ignore de qui elle est fille, est à Paris, sans argent. Par l'entremise d'un ecclésiastique, elle est mise sous la protection d'un homme charitable et dévot, M. de Climal, qui pourvoit à l'entretien de la jeune fille hébergée chez une lingère, Mme Dutour. La charité n'est pas la raison qui pousse M. de Climal à s'intéresser à Marianne. Le barbon est un faux dévot, dont les sens usés sont ranimés par la jeune beauté de l'orpheline. Il achète pour elle robes, cornettes et fines lingeries, que Marianne accepte, ingénument d'abord, et veut rendre ensuite lorsqu'elle comprend ce que M. de Climal attend d'elle. Le vieil homme est un roué, il trouve des arguments et parvient presque à persuader Marianne qu'elle a tort de lui prêter d'inconvenants desseins. *Mon Dieu que les hommes ont du talent pour ne rien valoir!* M. de Climal multiplie les cadeaux et ne cache plus que ses libéralités s'accroîtront le jour où l'orpheline deviendra sa maîtresse. Marianne est bien décidée à ne pas céder, elle le dit sans trop l'affirmer, et sans trop rebuter son sénile galant. Elle a honte néanmoins de pactiser avec les tentations d'une coquetterie qui, pour conserver des parures, côtoie le dévergondage. *Dans le fond, ce n'est pas avoir de l'honneur que de laisser espérer aux gens qu'on en manquera. L'art d'entretenir un homme dans cette espérance-là, je l'estime encore plus honteux qu'une chute totale dans le vice.*

Pimpante et parée, Marianne, un dimanche, se rend à l'église, et, comme on y remarque sa mine avenante, ce succès amenuise les reproches qu'elle s'adresse. *On croit avoir la conscience délicate, non pas à cause des sacrifices qu'on lui fait, mais à cause de la peine qu'on prend avec elle pour s'exempter de lui en faire.* Pendant la messe, la jeune fille échange quelques regards avec un garçon dont les coups d'œil la troublent. En sortant du sanctuaire, elle fait un faux pas et se foule la cheville ; elle est aussitôt secourue par le fringant cavalier qu'elle avait remarqué et qui se nomme Valville. Elle est transportée chez lui pour y recevoir des soins. Un sentiment très tendre et mutuel prend naissance, mais, au moment où Valville devient pressant, M. de Climal survient et Marianne a juste le temps d'apprendre que le barbon est l'oncle du joli garçon. De retour chez elle et afin de ne pas perdre l'estime de Valville, Marianne décide de rompre avec M. de Climal ; elle réunit les cadeaux qu'elle en a reçus et, ne connaissant pas d'autre adresse que celle de Valville, elle fait porter le paquet chez le jeune homme avec une lettre explicative. Sa coquetterie souffre un peu de se voir privée de parures. *Les grandes actions sont difficiles ; quelque plaisir qu'on y prenne on se passerait bien de les faire.*

Étant désormais sans ressources, Marianne frappe à la porte d'un couvent. Sa jeunesse, son dénuement et la noblesse des sentiments qu'elle manifeste lui valent la protection d'une dame en visite chez les religieuses, Mme de Miran. Marianne installée au couvent songe toujours à Valville, qui la cherche et finit par découvrir son refuge. Et voilà qu'elle apprend que Mme de Miran se désole parce que son fils refuse de conclure un mariage avantageux depuis qu'il a rencontré à l'église une jeune fille dont il est éperdument amoureux. Marianne ne cache pas qu'il s'agit d'elle, et elle offre de démontrer à son soupirant qu'il est impossible de continuer à entretenir leur amour, le fils de Mme de Miran ne pouvant épouser une orpheline sans nom. Le sacrifice de Marianne prouve la noblesse de son cœur. *A ceux qui n'ont ni rang ni richesse qui en imposent, il leur reste une âme et c'est beaucoup.* Les bons, les trop bons sentiments de Marianne ont une récompense. M. de Climal, étant tombé gravement malade, se repent d'avoir essayé de débaucher la jeune fille ; avant de mourir il lui lègue une rente et Mme de Miran, en dépit des usages mondains, consent au mariage de son fils avec l'orpheline sans nom ni parents. Le reste de la famille de Valville, outrée de cette mésalliance, fait enlever Marianne à qui un ministre tout puissant conseille soit d'entrer au couvent, soit d'épouser un certain M. Villot. Marianne refuse et se débat avec beaucoup d'à-propos. L'arrivée inattendue de Mme de Miran et de son fils achève de dérouter les adversaires de la jeune fille.

L'heure des épousailles n'est point encore sonnée. Au couvent où Marianne a repris sa place, Valville aperçoit une autre jeune fille, la coquette Mlle Varthon, dont les charmes l'émeuvent. Pendant une maladie de Marianne, le volage Valville s'éprend de plus en plus de Mlle Varthon. Mme de Miran et une de ses amies, la parfaite, l'intelligente et bonne Mme Dorsin, essaient en vain de ramener Valville à Marianne, ou de consoler leur protégée. Si Valville est inconstant, Marianne est fidèle, et, pour le rester, elle préfère entrer en religion. Cette résolution est combattue par une religieuse qui en a reçu la confidence.

Ici s'arrête le récit de la vie de Marianne par elle-même. Il sera suivi par celui que la religieuse fait de la sienne en trois longs, très longs chapitres, après lesquels Marivaux renonce à achever son roman. La meilleure partie de l'ouvrage est le début. M. de Climal est un parfait tartuffe de roman, ainsi qu'en convient d'Alembert. Ses tentatives pour séduire Marianne sont d'une habileté extrême. En ces passages la justesse de ton des deux interlocuteurs, les progrès de la lasciveté du quinquagénaire et de ses audaces sont des modèles, de même que le sont les analyses des pensées de Marianne et celles des menues défaillances auxquelles la coquetterie pousse la jeune fille. De nombreux portraits que Marivaux burine et colore avec la minutie d'un pastelliste ; des notations délicates sur les émois virginaux en présence de l'amour ; des peintures élégantes d'un monde raffiné ou d'un menu peuple badaud ; des personnages réels et vivants et non des marionnettes romanesques ; un style fluide, élégant dans sa simplicité, et enfin, dominant ces qualités exceptionnelles, le rayonnement de la bonté intelligente d'un grand esprit qui, connaissant aussi bien les femmes que les hommes, les décrit avec tendresse ; telles sont les qualités de ce roman, dont le seul et bien léger défaut est d'être un peu trop larmoyant.

Cinq ans après avoir commencé *Marianne*, Marivaux entreprend un autre roman, *Le Paysan parvenu*, qu'il abandonne après en avoir écrit les cinq premières parties. Les comédies qu'il compose pendant cette période ne peuvent se comparer aux chefs d'œuvre qu'il a déjà produits. Toutefois l'une d'elle, *La Réunion des Amours* (1731), allégorie en un acte, démontre que, pour son auteur, le véritable amour est la réunion de la sensualité et de la tendresse. Avec *Les Serments indiscrets* (1732), il semble qu'au cours de ces cinq actes, Marivaux a voulu aller jusqu'à la limite de lui-même. Lucile et Damis, destinés l'un à l'autre bien que ne se connaissant point, ont un égal éloignement pour le mariage. Ils s'abordent au premier acte, et ils font le serment de ne point s'épouser, mais au cours de cette rencontre, ils ont pris du penchant l'un pour l'autre. *Liés tous deux par la convention de ne point s'épouser, comment feront-ils pour cacher leur amour ? Comment feront-ils pour se l'apprendre ? car ces deux choses-là vont se trouver dans tout ce qu'ils diront... Ils sentent bien leur amour ; ils n'en font point mystère avec eux-mêmes : comment s'en instruiront-ils mutuellement après leurs conventions ? Comment feront-ils pour observer et pour trahir en même temps les mesures qu'ils doivent prendre contre leur mariage ? C'est là ce qui fait le sujet des quatre autres actes.* (Avertissement des *Serments indiscrets*.)
En ces lignes, Marivaux donne des indications précieuses sur la façon dont il faut lire ses pièces. Lucile ou Damis ne sont pas les seuls personnages dont le langage s'efforce de masquer les sentiments qu'ils éprouvent : presque tous les personnages des autres comédies agissent de même. Sous les mots que les amoureux prononcent, il faut deviner l'intimité de leur pensée et de leurs émotions. Ils s'instruisent mutuellement de leur amour en croyant le cacher. Mais le voile que les humains jettent sur les mouvements secrets de leur cœur est un voile qui est transparent pour le psychologue. *Vous savez ce qu'ils* (les hommes) *paraissent, et non pas ce qu'ils sont ; vous ne connaissez point leur âme ; vous allez la voir, pour ainsi dire au visage. Et ce visage vaut bien la peine d'être*

*#·· Morvaux*

enfin, Monsieur La resolution de jouer Les
sermens indiscrets, Est donc prise; il y a deux
ou trois jours que jay ecrit a Mademoiselle
Quinault pour la prier quon me rendit cette
piece; mais je nay receu ny piece ny reponse.
au reste, jauoy ce me semble entendu dire que
vous allies après pâques jouer une tragedie;
quoyquil en soit, il faut prendre son party.
vous aues deja quatre actes entre vos
mains; vous ne pouues auoir le cinquieme que
ce soir ou demain matin a pareille heure;
il faut auant que je le donne que vous ayes la
bonte de menuoyer s ma copie des quatre
premiers actes, parceque jay besoin dy reuoir
certaines choses qui ne sont point dans la copie
qui me reste, ainsy je vous prie de faire dire
au sieur minet quil deliure ce que je demande
au porteur de ma lettre.
je suis monsieur votre tres humble et
tres obeissant serviteur    [signature]
ce lundy matin

*considéré, ne fût-ce que pour n'être point la dupe de celui qu'on y substitue, et que vous prenez pour le véritable.*

Le Cabinet du Philosophe, d'où cette phrase est extraite, est un recueil de réflexions et d'anecdotes ; il date de 1734. Et cette phrase s'applique aussi à la fausse conception qu'en général on a de Marivaux. A son vrai visage, un autre, qui est loin du véritable, a été substitué par la tradition. A son égard comme à l'égard de ses personnages, on ne voit que la jolie apparence et non la vérité profonde et humaine. On croit que les œuvres de Marivaux sont du marivaudage, alors qu'elles en sont l'antipode.

Deux œuvres vont naître : un début de roman et une comédie. Le roman est tellement direct et réaliste que nul ne peut être tenté d'y voir la moindre trace de métaphysique du cœur ; quant à la comédie elle contient la quintessence des idées de Marivaux sur l'amour, et elle est aussi le modèle parfait du genre de théâtre que Marivaux a créé. Le roman est *Le Paysan parvenu*, soustitré *Les Mémoires de* \*\*\*, la comédie est *Les fausses Confidences*. Après ce dernier chef d'œuvre, Marivaux n'écrit plus que des comédies en un acte. Pendant une dizaine d'années il s'éloigne même du théâtre (1746-1757). Il médite, il réfléchit et ce qu'il produit alors s'intitule *Réflexions sur...* En 1757, il propose aux Comédiens Français deux comédies en un acte qui sont les dernières œuvres que l'on peut certifier être de lui.

*Le paysan Parvenu* raconte l'histoire de personnages dont les sentiments sont mis à nu. Intelligent, jovial, ironique, pourvu d'une taille avantageuse et d'un joli visage, Jacob est le fils d'un paysan champenois. Il est venu à Paris pour livrer du vin aux propriétaires de la terre que ses parents cultivent, et la maîtresse de maison *voulut le voir sur le récit que ses femmes lui firent de lui.* Jacob, engagé comme domestique, plaît aux soubrettes, et le coup d'œil qu'il risque sur sa patronne ne la fâche pas. *Les regards amoureux d'un homme du monde n'ont rien de nouveau pour une jolie femme ; elle est accoutumée à leur expression, et ils sont dans un goût de galanterie qui lui est familier ; de sorte que son amour-propre s'y amuse comme à une chose qui lui est ordinaire et qui va quelquefois au-delà de là vérité. Ici ce n'était pas* de même ; mes regards n'avaient rien de galant, ils ne savaient qu'être vrais. J'étais paysan, j'étais jeune, assez beau garçon et l'hommage que je rendais à ses appas venait du pur plaisir qu'ils me faisaient. Il était assaisonné d'une ingéniosité rustique plus curieuse à voir, et d'autant plus flatteuse qu'elle ne voulait point flatter. C'étaient d'autres yeux, une autre manière de considérer, une autre tournure de mine ; et tout cela ensemble me donnait apparemment des agréments singuliers dont je vis que Madame était un peu touchée. Jacob plaît aux femmes, à toutes les femmes, et à première vue ; en quelques mois il apprend la valeur des avantages physiques qu'il possède et il en apprécie la durable valeur. On se sent bien fort à son aise, quand c'est par la figure qu'on plaît ; car c'est un mérite qu'on n'a point de peine à soutenir, ni à faire durer ; cette figure ne change point, elle est toujours là ; vos agréments y tiennent ; et comme c'est à eux qu'on en veut, vous ne craignez point que les gens se trompent sur votre chapitre, et cela vous donne de la confiance. Jacob n'est pas très scrupuleux. Geneviève, une des servantes de la maison, s'éprend de lui, tout en étant sensible aux assiduités du maître de céans qui la comble de cadeaux. Pour s'attacher Jacob, elle lui donne de l'argent. Cet argent qu'elle m'offrait n'était pas chrétien, je ne l'ignorais pas, et c'était participer au petit désordre de conduite en vertu duquel il avait été acquis ; c'était du moins engager Geneviève à continuer d'en acquérir au même prix. Mais je ne savais pas encore faire des réflexions si délicates ; mes principes de probité étaient encore fort courts ; et il y a apparence que Dieu me pardonnera ce petit gain, car j'en fis un très bon usage ; il me profita beaucoup ; je m'en servis pour apprendre l'écriture, et l'arithmétique, avec quoi, en partie, je suis parvenu dans la suite.

La mort subite du maître de maison et la ruine qui s'ensuit mettent Jacob sur le pavé. Sur le Pont-Neuf, où il musarde, il secourt une vieille fille, Mlle Habert, qui défaillait et il la raccompagne chez elle. Celle-ci, encore appétissante malgré la cinquantaine proche, vit dans l'aisance avec sa sœur aînée ; leur valet les a quittées. Les deux sœurs sont dévotes, très à leur aise ; la maison est bonne. Mlle Habert cadette insiste pour que Jacob soit engagé à cause de sa bonne mine.

Le jeune garçon est heureux, mais l'abbé Doucin,

directeur de conscience des demoiselles, trouble la fête. Jacob a l'air hardi et dissipé, les deux sœurs *ne sont pas dans un âge à l'abri de la censure. Ne craignent-elles point les mauvaises pensées qui peuvent venir là-dessus à ceux qui verront Jacob chez elles ?*

Une autre femme, l'Araminte des *Fausses Confidences*, fait à elle-même, quand elle engage Dorante, une remarque identique à celle présentée par l'abbé Doucin. Or la rédaction du roman précède tout au plus de quelques mois celle de la comédie, peut-être même sont-elles simultanées. Araminte passe outre au qu'en dira-t-on, car elle est tentée par Dorante, tout comme la vieille fille l'est par Jacob : malgré l'opposition de son aînée, la cadette épousera Jacob, tout comme Araminte convolera avec Dorante, malgré l'hostilité de son entourage. Le parallélisme qu'il y a entre cette partie du roman et la comédie, éclaire cette dernière, de même que le coup d'œil égrillard, jeté par Jacob sur sa première patronne, est une indication rétrospective pour la mise en scène du début de *La seconde Surprise de l'Amour*, de même que le sont maints passages du *Paysan parvenu* ou de *Marianne* pour d'autres comédies.

Mlle Habert cadette se brouille avec sa sœur aînée, et se met en quête d'un autre logis où elle s'installe avec Jacob. Elle le présente comme étant son cousin et Jacob, changeant de nom, devient M. de la Vallée. La vieille fille lui propose de l'épouser. Le garçon accepte, mais lorsque le couple a tout préparé pour la cérémonie religieuse, le prêtre qui devait officier refuse de le faire, car c'est l'abbé Doucin. Autre contre-temps : Jacob est convoqué chez un haut magistrat qui, à l'instigation de Mlle Habert aînée, somme le garçon de renoncer à un mariage disproportionné. Plein d'esprit d'à-propos, de crânerie même, Jacob plaide sa cause et la gagne. L'épisode est presque identique à celui où Marianne comparaissait devant un ministre. Cette similitude est à noter parce que *Marianne* et *Le Paysan parvenu* forment un dyptique de la même qualité que celui qui se trouve dans presque toutes les comédies de Marivaux, où le couple des domestiques vit une intrigue amoureuse qui se développe en même temps et qui suit les mêmes fluctuations que celle du couple des maîtres.

Pendant que Jacob discutait avec le haut magistrat, il a été remarqué par une dame de l'assistance, Mme de

LE PRÉSIDENT HÉNAULT,
académicien, homme de cour et de salon, qui inspira sans doute à Marivaux
le Président devant lequel comparaît Jacob dans *Le Paysan parvenu.*

Ferval, qui l'attire dans un cabinet voisin et le déluré garçon ne tarde guère à lui baiser les mains. *En fait d'amour, tout engagé qu'on est déjà, la vanité de plaire ailleurs vous rend l'âme si infidèle, et vous donne en pareille occasion de si lâches complaisances...* La coquette sur le retour et Jacob se séparent sans avoir poussé plus loin l'aventure, et celui-ci s'en retourne chez Mlle Habert. Chemin faisant, il passe devant une maison au moment où en sort un assassin ; il est accusé d'être son complice et il est conduit en prison. Par un geôlier qu'il soudoie, il peut prévenir Mlle Habert et Mme de Ferval. Grâce à elles son innocence est reconnue, il est libéré et, sur l'heure, en profite pour se marier. Pour aimer comme Mlle Habert, *il faut pendant trente ans avoir résisté à la tentation de songer à l'amour, et trente ans s'être fait un scrupule d'écouter ou même de regarder les hommes qu'on ne haïssait pourtant pas.*

Au lendemain de ses noces, Jacob se rend chez Mme de Ferval afin de la remercier. Elle le reçoit *couchée sur un sopha, la tête appuyée sur une main, et dans un déshabillé très propre, mais assez négligemment arrangé ;* la jupe *laisse voir un peu de la plus belle jambe du monde ; et c'est une grande beauté qu'une belle jambe dans une femme ;* un pied nu a perdu sa mule. *Je sentis bien ce que valaient le pied et la jambe d'une femme ; jusque là je les avais comptés pour rien ; je n'avais vu les femmes qu'au visage et à la taille, j'appris alors qu'elles étaient femmes partout... Pour être tout d'un coup au fait de certaines choses, surtout quand elles sont à leur vrai point de vue, il ne faut que des sens et j'en avais.*

Le tête-à-tête, ainsi commencé, est prometteur ; hélas ! Mme de Ferval est chez elle et ne consent guère qu'à permettre de menues privautés. Ailleurs, elle sera plus libre. Elle donne à Jacob l'adresse du logis éloigné d'une entremetteuse à sa dévotion, et rendez-vous est pris pour le lendemain. Afin que le jeune garçon ne se fatigue pas à marcher à pied, Mme de Ferval lui remet une bourse, *assez simple mais assez pleine,* pour qu'il prenne une voiture. Avant d'accepter, Jacob hésite. *J'étais charmé qu'on m'offrît, mais je rougissais de prendre ; l'un me paraissait flatteur, et l'autre bas.*

Leur entretien est interrompu par une visite. Mme de Fécour est aussi une coquette mûrissante et bien en chair.

Elle offre à Jacob de lui donner une lettre de recommandation pour son beau-frère, personnage influent à Versailles ;
elle emmène chez elle le beau brunet dont elle a envie
de tâter, elle écrit la lettre et fait promettre à Jacob de
revenir la voir. *Les amoureuses agaceries de ces deux
dames, et surtout cet art charmant quoique impur* qu'elles
ont employé pour séduire n'ont point tourné la tête
au paysan en passe d'être parvenu. Les diverses séductions
mises en œuvre ont *débrouillé son esprit et son cœur !*
mais *quelle école de mollesse, de volupté, de corruption,
et par conséquent de sentiment ! car l'âme se raffine à mesure
qu'elle se gâte.*

M. de la Vallée, *mis en humeur d'être amoureux*, a re-
trouvé sa femme ; celle-ci a profité de ses bonnes dispositions et pour un peu elle s'écrierait : *Quel plaisir de frus-
trer les droits du diable, et de pouvoir sans péché être aussi
aise que les pécheurs.*

Le lendemain, à son retour de Versailles, Jacob rejoint
Mme de Ferval chez la logeuse qu'elle lui avait indiquée.
Sans un long préambule, le tête-à-tête approche de sa
conclusion lorsqu'un importun force la porte de la maison.
Ayant vu une voiture qui stationnait, il a cru à l'infidélité
de la femme qu'il rencontrait habituellement en cet endroit
retiré. Il connaît Mme de Ferval, il sait aussi qui est
M. de la Vallée, l'ayant aperçu alors qu'il était domestique.
Jacob cède la place et s'arrête dans un cabinet voisin ;
*ce n'est pas du cœur d'une femme dont on est en peine,
c'est de sa personne.* La vertu de Mme de Ferval est
menacée et résiste mollement aux attaques du nouveau
venu. Jacob s'en indigne à haute voix et s'esquive, un
peu abasourdi par ce qu'il vient de faire. Il reste en obser-
vation au coin d'une rue et il voit sortir Mme de Ferval,
qui est toujours à son goût. *Il n'est pas rare qu'une maîtresse
coupable en devienne plus piquante.* Après cette déconvenue,
Jacob se rend chez Mme de Fécour. Celle-ci est malade
et l'amoureux de nouveau déconfit s'en retourne auprès
de sa femme.

Les aventures gaillardes de Jacob sont terminées,
d'autres l'attendent. A la suite du secours qu'il donne,
en mettant flamberge au vent, au bénéfice d'un inconnu
qui est attaqué, M. de la Vallée en acquiert l'amitié.
Cet inconnu est le comte Dorsan, qui introduit dans le
monde le paysan désormais parvenu. Qu'advient-il

par la suite ? Des continuateurs anonymes du roman ont essayé de l'imaginer, puisque Marivaux n'a pas achevé son ouvrage. Il laisse toutefois prévoir que Jacob ne s'assagira guère. *Mes actions jusqu'ici n'ont été que trop infidèles ; ce qui n'en fait point espérer sitôt de plus réglées.* Jacob perdra bientôt son épouse. *Le moment qui doit me l'enlever n'est pas loin, et je ne serai pas longtemps sans revenir à elle pour faire le récit de sa mort et celui de la douleur que j'en eus.*

*Le Paysan parvenu* semble être la caricature de *Marianne*, a-t-il été écrit. Un tel jugement n'est acceptable que si l'on a une vue bien sommaire des deux œuvres d'abord, et ensuite de l'ensemble des ouvrages de Marivaux. Dans *Marianne*, qui est le roman des jeunes personnes du monde, la sensualité est sous-jacente, dans *Le Paysan parvenu*, qui est le roman des gens adultes et libres, elle s'étale. *Marianne* est le roman d'une belle jeune fille, *Le Paysan parvenu* est celui d'un beau garçon, et tous les deux sont exposés aux mêmes tentations. M. de Climal essaie de séduire Marianne, Jacob est séduit par toutes les femmes. Dans *Marianne*, la vie sentimentale sert de prélude à la vie amoureuse, dans *Le Paysan* la vie amoureuse se soucie peu des sentiments. Les femmes sont pures dans le premier roman, elles sont libertines dans le second. Les deux œuvres forment un diptyque. Le tableau, c'est *Le Paysan parvenu*, le volet, c'est *Marianne*. Sur le tableau, des adultes surtout, et la vie avec ses crudités, ses concupiscences, ses égoïsmes, ses duretés, ses compromissions, ses souillures ; sur le volet, la vie adolescente avec ses idéalismes, ses tendresses, ses générosités, ses compassions, ses intransigeances, ses puretés. La jeunesse vit d'illusions, l'adulte de réalités. Diptyque !

*Le Paysan parvenu* est de plus une gageure tenue et gagnée. Que sont les personnages principaux qui s'y rencontrent ? Des dévotes, des libertines jeunes ou mûres, une vieille fille qui savoure tardivement les satisfactions charnelles du mariage, un beau garçon dont elles sont toutes friandes et à qui quelques-unes donnent de l'argent. Bien déplaisant, tout cela. Eh bien, non : la soubrette facile, la patronne écervelée, la dévote lubrique, la vieille fille qui se paie un mari, le jeune homme qui vit des femmes, tous sont charmants et sympathiques, et, peut-être à cause de leur légèreté et de leur bonne humeur, plus attrayants que l'exquise Marianne.

Souvent, à propos de Marivaux, on a cité les noms de Watteau, Lancret ou Chardin et l'on a oublié leur cadet Fragonard ! Pourtant, si on les illustrait, combien de pages du *Paysan parvenu* donneraient prétexte à des estampes galantes. Nul n'a jamais songé à une édition de cette sorte, on a préféré illustrer Crébillon ; Crébillon quand il y a Marivaux !

Parmi les comédies en un acte qui suivent *Les fausses Confidences*, il y en a trois qui traitent à fond des sujets effleurés par Marivaux dans maints ouvrages. Il aimait la sincérité, mais il en connaissait les inconvénients. Un peu d'aveuglement est parfois nécessaire lorsqu'on veut être heureux. La Marquise et Ergaste, dans *Les Sincères* (1739), s'aiment, mais ils poussent la sincérité à ses extrêmes limites et mutuellement se dépeignent l'un à l'autre tels qu'ils se voient. Leur amour ne résiste pas à cette franchise. La conclusion est un peu mélancolique ; l'amour et la vérité ne peuvent donc vivre ensemble.

Avec *La Dispute* (1744), Marivaux montre l'inutilité de la controverse où des femmes et des hommes veulent savoir lequel des deux sexes est le plus inconstant : *Madame, vices et vertus, tout est égal en eux. — Ah ! je vous prie, mettez-y quelque différence : votre sexe est d'une perfidie horrible ; il change à propos de rien, sans chercher même de prétexte. — Je l'avoue, le procédé du vôtre est du moins plus hypocrite, et par là plus décent ; il fait plus de façons avec sa conscience que la nôtre.*

*Le Préjugé vaincu* (1746) reprend un thème cher à Marivaux. Le préjugé de naissance est vaincu par l'amour puisque Angélique, toute férue qu'elle est d'être fille de Marquis, épouse le roturier Dorante. Cette comédie est la dernière qui, du vivant de son auteur, a été jouée sur un théâtre régulier : la Comédie Française.

Plusieurs hypothèses ont été faites pour élucider la raison qui a poussé Marivaux à ne plus donner de pièces aux Comédiens Italiens, qui lui avaient valu tant de succès. On a supposé que, devenu membre de l'Académie Française, il jugeait qu'il ne devait s'adresser désormais qu'à la troupe des Comédiens Français. Cela revient à taxer Marivaux d'ingratitude envers les Italiens, et l'ingratitude est incompatible avec son caractère. Parmi les explications possibles de ce délaissement, on a parfois oublié l'implacable cruauté des dates. *L'Épreuve* (1740) est la dernière comédie créée par les Comédiens Italiens. Elle est faite de l'enchaînement des épreuves auxquelles un jeune et riche amoureux soumet une jeune fille sans fortune, dans l'intention de s'assurer de la sincérité de son amour. Cette Angélique n'a pas vingt ans ; Silvia Baletti, l'exquise interprète des comédies précédentes, en a maintenant quarante. Elle a formé des élèves qui ne la valent pas. En 1739, Thomassin, le partenaire idéal de Silvia, est mort, et qui peut remplacer l'Arlequin sensible et frémissant qu'il était ? L'âge, la mort de ses interprètes, deux raisons suffisantes pour que Marivaux ne soit pas taxé d'ingratitude. Il y en a une autre peut-être, que Marivaux a donnée tacitement lorsque, aux approches de la vieillesse, il remanie une de ses œuvres et laisse deviner alors pourquoi, après *Le Jeu de l'Amour et du Hasard*, il a presque éliminé tous les noms de personnages qui rappelaient la Comédie Italienne. Il en sera parlé plus loin.

SILVIA ET THOMASSIN
d'après un tableau de Lancret

THOMASSIN
par Quentin-Latour

SILVIA
par Van Loo

Il écrit en 1757, une allégorie, *Félicie*, que les Comédiens Français reçoivent, qu'ils ne jouent pas, et qui a été créée en 1957 par une compagnie d'amateurs : l'Équipe de la S. N. C. F. Ce délicieux lever de rideau projette pourtant sur toutes les autres comédies d'amour un éclairage qui n'est pas celui par lequel la tradition déforme et estompe Marivaux. Félicie est une jeune fille (son nom n'évoque-t-il pas l'âge heureux ?) ; pour la protéger des risques que sa coquetterie peut lui faire courir, elle a une compagne : Modestie. L'amour, ou mieux, le désir, l'aborde sous les traits de Lucidor, qui s'efforce de décider Félicie à chasser son importune gardienne. *Je suis bien heureuse qu'elle me gêne*, répond mollement l'ingénue. L'émotion qu'elle éprouve s'accroît ; l'entreprenant Lucidor est près de triompher quand, dans un sursaut de pudeur, Félicie appelle Modestie à son secours ; Lucidor est chassé et avec lui s'éloigne la tentation de céder à l'amour. Loin des yeux, loin du cœur, et loin des sens surtout, a voulu dire Marivaux. Le dialogue de cette comédie emploie un vocabulaire identique à celui des autres pièces ; il est évident qu'ici : épouser, mariage sont des euphémismes ainsi qu'ils le sont souvent sous la plume de Marivaux.

Les sentiments qui sont feints au théâtre devancent parfois la réalité. La comédie en un acte *Les Acteurs de bonne foi* met en scène un valet chargé de monter avec ses camarades un spectacle à l'occasion du mariage de son maître. Au cours des répétitions, les acteurs amateurs pressentent que les sentiments qu'ils feignent d'avoir vont devenir des inclinations réelles. La répétition est interrompue. Le canevas primitif est remplacé par un deuxième canevas auquel les maîtres sont mêlés à leur insu. Des réparties assez vives s'échangent et chacun devient un acteur de bonne foi dans une comédie qui se dénoue dès qu'il est fait retour à la réalité. L'âme des hommes est toujours masquée, avait écrit Marivaux, une vingtaine d'années auparavant, dans *Le Cabinet du Philosophe* ; ce masque était levé pour le voyageur qu'il conduisait dans un monde nouveau. Sur la terre, à tout instant, une comédie se joue, dont les acteurs sont rarement de bonne foi ; mais il arrive que, dans le rôle que chaque homme compose pour soi, une parcelle de la vérité apparaisse : c'est le réel qui émerge, malgré l'apparence mensongère qui avait été adoptée.

Les *Acteurs de bonne foi* ont été publiés dans *le Conservateur* en novembre 1757. C'est la dernière œuvre authentique de Marivaux. Le genre qu'il a lentement créé et porté à son apogée a eu des imitateurs. Alfred de Musset a beaucoup emprunté aux anecdotes contées par Marivaux et parmi ces emprunts subreptices le plus évident est le scénario de *Un Caprice* qui, à peu de détails près, se trouve dans *Le Spectateur français* : *Mon mari vous aime, Madame, et vous méritez d'être aimée plus que personne au monde ; ainsi je n'entreprendrai point de le détacher de vous, j'y perdrais mes efforts ; il vaut mieux que j'aie recours à vous-même et que je remette mes intérêts entre vos mains ; c'est donc à vous, à votre amitié pour moi que je recommande mon mari ; j'ai de l'attachement pour lui et il le mérite, au penchant près qu'il sent, et qu'il est bien difficile de ne pas sentir pour une femme aussi bien faite que vous l'êtes ; je suis sûre que ce penchant vous est à charge et il m'afflige ; je ne lui ai rien dit encore, j'ai cru que vous le ramèneriez mieux que moi, qu'il serait plus touché du chagrin qu'il me donne si vous l'y rendiez sensible. Il m'aimait autrefois : disposez donc son cœur à plaindre du moins le mien : l'estime et le respect qu'il a pour vous donneront du poids à ce que vous lui direz en ma faveur ; feignez que je suis aimable et il vous croira, vous l'en persuaderez encore mieux que ne le feraient mes reproches.*

Musset commence à écrire peu de temps après la parution des œuvres complètes de Marivaux, à qui « le XIX^e siècle a été particulièrement favorable » dit Sainte-Beuve. Favorable ? oui si l'on entend par là un regain de popularité ; non si l'on veut parler d'une révision de jugement. Malgré quelques remarques judicieuses de Sainte-Beuve en 1854, les romantiques et leurs héritiers ont persisté à voir en Marivaux un sémillant métaphysicien du cœur, alors qu'il est l'analyste et le physicien de la sensualité et de la tendresse naissantes. Commettre une aussi lourde erreur n'est point être favorable à Marivaux : c'est le desservir en le caricaturant.

*Théâtre de Marivaux*

*marianne*

*parvenu*

Pierre Carlet de Chamblain

DE MARIVAUX,

de l'Académie Françoise,

né en 1688.        mort en 1763.

# Le marivaudage n'est pas le fils de Marivaux

Au milieu du XVIII<sup>e</sup> siècle naquit en France, dans le monde littéraire, un enfant naturel dont la mère se nomme : la Méprise. Ce fils de père inconnu eut pour parrains des écrivains notoires qui, par jalousie, rancune ou inintelligence, l'affublèrent d'un état-civil frauduleux et le baptisèrent : Marivaudage. Par la consonance, ce nom rappelait celui de Pierre Carlet de Chamblain de Marivaux qui était au début de sa glorieuse carrière. Dans les théâtres, l'assistance publique, adoptant assez vite le nouveau-né, commit (et commet encore) l'erreur de croire qu'il existe une filiation quelconque entre le Marivaudage et Marivaux. Issu des flancs d'une méprise, le Marivaudage jouit d'une santé à ce point florissante que semble paradoxal le refus de souscrire à la flagrante supercherie que cette appellation constitue.

Pourtant, à notre époque, la recherche de la paternité utilise des moyens scientifiques et la comparaison des groupes sanguins lui permet souvent d'affirmer qu'un homme est étranger à la naissance du fils que l'opinion lui attribue. En littérature, des démonstrations analogues sont possibles et, grâce à de simples analyses de texte, il est facile de prouver que Marivaux n'est pas le père du marivaudage, de ce style où « l'on raffine sur le sentiment et sur l'expression » ainsi que l'écrit Littré. Quoiqu'on le prétende couramment, Marivaux n'est pas un métaphysicien de l'amour, il en est au contraire le physicien. Ses œuvres, qu'elles soient dramatiques ou romanesques, sont l'étude des délais que la raison impose aux satisfactions du désir. Le marivaudage est un jeu intellectuel d'où toute sensualité est absente, tandis que la sensualité, naissante ou affirmée, est le moteur principal des héros et des héroïnes de Marivaux. Dès lors un père réaliste, novateur et indépendant peut-il engendrer une progéniture sentimentale, conformiste et conventionnelle, une progéniture qui charrie dans ses veines les caractéristiques d'un groupe sanguin totalement étranger au sien ?

Un des parrains du marivaudage a dit de son filleul qu'il était un mélange de préciosité et de familiarité ; pour la plupart des gens il est de nos jours un aimable badinage, chaste et distingué. Peut-il être, alors, le fils de Marivaux, qui est au contraire un psychologue averti et parfois cruel, un philosophe profond sous une apparence coquette, un sociologue et même un révolutionnaire généreux, voilant la hardiesse de sa pensée sous la légèreté et l'élégance désinvolte de l'expression ?

Est-ce que le marivaudage a une parenté quelconque avec le réalisme ? Certes non, et cependant Marivaux n'a cessé de peindre des êtres réels, des hommes et des femmes faits de chair et de sang. Il écrivait au début de sa carrière : *Quand on conte quelque chose, il faut y mettre la paille et le blé, et dire tout.* Il a tout mis dans ses œuvres romanesques ou dans son théâtre : les hésitations humaines des uns devant les surprises des sens, la légèreté parfois cynique des autres, la fragilité d'un sentiment qui n'est pas soutenu par une attirance charnelle ; au point de vue social : la révolte que provoque l'injustice ou les abus de pouvoir, la compréhension équitable que les différentes classes devraient avoir de leurs droits et de leurs devoirs ; et en ce qui concerne la morale, il a été l'apôtre de la sincérité, de l'indulgence et de la bonté. Il a même rêvé à des îles dont les habitants n'auraient pour code que les préceptes dictés par la raison, la droiture et la fraternité.

Le marivaudage a-t-il jamais incité qui que ce soit à en comparer les productions avec l'œuvre de La Bruyère ? Hors de France cependant, en Angleterre, où l'on ignorait l'existence du marivaudage mais où l'on connaissait un recueil de récits que Marivaux venait de publier, les critiques anglais avaient pour ce livre autant d'estime que pour *Les Caractères*. Par certaines de ses publications, Marivaux peut encore être comparé à La Rochefoucauld ou à Vauvenargues. Dans quelques pages, en outre, il témoigne de son christianisme et trouve alors des accents aussi persuasifs que ceux de Pascal. Dès lors, est-il concevable que Marivaux ait eu pour fils le futile et superficiel marivaudage ?

Les parrains qui baptisèrent cet enfant trouvé se sont rendus coupables d'une grave supercherie et ils ne l'auraient point commise s'ils avaient mieux pénétré l'esprit de Marivaux. Ils n'ont retenu de lui que la structure originale de sa phrase et que le sens littéral des lignes écrites, ils l'ont jugé d'après l'impression que leur laissait son théâtre, dont ils n'ont pas tenté de deviner les intentions : ils ont ignoré le véritable Marivaux, celui que l'on découvre dès qu'on possède la clé de son vocabulaire, et dont on peut suivre alors la pensée, inscrite dans les interlignes ou entre les répliques de ses comédies. Marivaux suggère beaucoup plus d'idées qu'il n'en énonce et il considère ce qu'il compose *comme des leçons de morale d'autant plus insinuantes qu'elles auront l'air moins dogmatique et qu'elles glisseront le précepte à la faveur du plaisir qu'on aura à les lire.* Il se défend donc d'être un philosophe, et, lorsque La Harpe déclare que le marivaudage « est le mélange le plus bizarre de métaphysique et de locutions triviales », on est autorisé à conclure que Marivaux n'en est pas le père. Pour renforcer cette assertion, voici quelques lignes que Marivaux donne comme lui ayant été adressées par une jeune fille : *Je n'aime pas les raisonnements que vous autres, ce me semble, appelez métaphysiques, et dont je ne connais que le nom, sans trop comprendre ce qu'il signifie. Je me doute pourtant que vous pensez à merveille dans ces raisonnements-là ; mais, comme ils m'ennuient dès que j'en ai lu deux lignes, je n'y sais d'autre façon que de les quitter et les passer pour bons, et cela fait justement votre compte et le mien.*

Malgré ces lignes qui datent d'environ 1722, Voltaire s'entête à voir en Marivaux un métaphysicien. Il écrit, dix ans après leur publication : « Nous allons avoir cet été une comédie en prose du sieur de Marivaux, sous le titre *Les Serments indiscrets.* Vous croyez bien qu'il y aura beaucoup de métaphysique et peu de naturel ; et que les cafés applaudiront pendant que les honnêtes gens n'entendront rien. » (Lettre à M. de

DANGEVILLE, par Vigée le père *(Comédie Française)*.
Elle doubla Mlle Quinault dans les rôles de soubrettes.

BARON,
par J. F. de Troy.

Formont, 29 avril 1732). Voltaire, plus qu'aucun autre peut-être, est convaincu que le marivaudage est le fils de Marivaux. Les années ont passé sans qu'il revienne sur cette erreur, il a continué de croire que, dans les comédies de son confrère, les personnages se livrent seulement à des chicanes de cœur, et il répétera souvent que l'auteur des diverses « surprises de l'amour » pèse des riens avec des balances en toile d'araignée.

Marivaux n'a jamais essayé de contredire les jugements erronés que portaient sur lui ses contemporains. Dans quelques rares préfaces, il a expliqué les particularités de certaines de ses comédies, mais jamais il n'a tenté de confondre ses détracteurs. Il semble néanmoins qu'il ait été sensible aux attaques renouvelées de Voltaire et peut-être y a-t-il répondu une fois. On est obligé d'écrire : peut-être, à cause d'une incertitude sur la date à laquelle fut rédigée la page de *Pharsamon* que voici :

*Vous vous étonnez qu'un rien produise un si grand effet. Et ne savez-vous pas, raisonneur, que le rien est le motif des plus grandes catastrophes qui arrivent parmi les hommes ? Ne savez-vous pas que le rien détermine ici l'esprit de tous les mortels ; que c'est lui qui détruit les amitiés les plus fortes, qui finit les amours les plus tendres, qui les fait naître tour à tour ; que c'est le rien qui élève celui-ci, pendant qu'il ruine la fortune de celui-là ? Ne savez-vous pas, dis-je, qu'un rien termine la vie la plus illustre, qu'un rien décrédite, qu'un rien change la face des plus importantes affaires ; qu'un rien peut inonder les villes, les embraser ; que c'est toujours le rien qui commence les plus grands riens qui le suivent, et qui finissent par le rien ? Ne savez-vous pas, puisque je suis sur cet article, que vous n'êtes rien vous-même, que je ne suis rien ; qu'un rien a fait votre critique, à l'occasion du rien qui me fait écrire mes folies ? Voilà bien des riens pour un véritable rien.*

*Pharsamon* est une œuvre de la jeunesse de Marivaux. Écrite en 1712, elle ne fut publiée qu'en 1737, donc lorsque son auteur avait atteint une grande notoriété. A la lecture du roman, la page qui vient d'être citée a l'apparence d'une interpolation. En outre, plusieurs phrases y font songer au bouleversement financier qui fut causé par la banqueroute de Law, en 1720. Si la page est une interpolation, il ne fait aucun doute que Marivaux a saisi l'occasion de la publication de son roman pour répondre aux critiques de Voltaire, et si elle n'en est pas une, on ne peut qu'être étonné de s'apercevoir qu'à vingt-quatre ans, Marivaux pensait déjà qu'il suffit d'un rien pour finir les amours les plus tendres ou les faire naître tour à tour. Et ce rien, dans les comédies amoureuses et dans les deux grands romans de la maturité, ce sera toujours l'émoi, furtif et inattendu, que deux êtres éprouvent lors d'une rencontre. Est-ce de la métaphysique, est-ce du marivaudage que cet appel de la chair ?

Le 6. de ce mois les Comediens Italiens ont aussi fait l'ouverture de leur Theatre par une Comedie nouvelle, qui a pour titre, *la Double Inconstance*. Cette piece n'a pas paru indigne de *la surprise de l'Amour*, Comedie du même Auteur qui a si bien concouru avec le *Serdeau des Theatres*, à attirer de nombreuses assemblées avant la clôture. On a trouvé beaucoup d'esprit dans cette derniere, de même que dans la premiere ; ce qu'on appelle Metaphysique de cœur y regne un peu trop, & peut-être n'est-il pas à la portée de tout le monde ; mais les

*Le Mercure,*
avril 1723.

Non, mais c'est du Marivaux. Et cette naissance de l'amour à la suite d'une surprise des sens, n'est-il pas naturel que les personnes ainsi troublées s'en offusquent et la combattent avant de s'y abandonner ? En bonne logique, leurs réactions, leurs tergiversations doivent être indépendantes de leur caractère individuel et être uniquement régies par l'intensité plus ou moins grande de leur sensualité et par les résistances éphémères de la raison. En général les commentateurs de Marivaux ne voient dans son théâtre que le marivaudage, c'est-à-dire l'opposition de l'amour-propre aux prémices d'une troublante inclination. Ils sont dupes du vocabulaire décent de Marivaux, ils n'ont pas remarqué que le mot amour ou le verbe épouser y sont susceptibles de deux significations, l'une charnelle, amour étant le synonyme édulcoré de désir, épouser étant une expression mondaine mise à la place de s'accoupler ; l'autre plus conventionnelle, — l'amour s'y limitant à un pur sentiment, et les épousailles à la signature d'un contrat. C'est la première qu'il est nécessaire d'adopter, le plus souvent, si l'on ne veut pas replonger l'auteur des « Surprises de l'Amour » dans les mièvreries du marivaudage ; et Marivaux lui-même invite à cette conception puisque, lorsqu'il ne s'agit que de sentiment, il emploie le mot tendresse. Il en a été ainsi du début de sa carrière jusqu'à la fin. A propos d'une jeune femme, il écrivait dans une œuvre de jeunesse, *La Voiture embourbée* : *Elle n'eût point été tendre sans être amoureuse, et voilà justement la véritable tendresse, et, n'en déplaise aux héritiers du sentiment des antiques héroïnes, le reste est simple imagination.*

Cette courte phrase annonce l'orientation de tout le théâtre d'amour de Marivaux ; elle précède de dix-huit mois environ sa première comédie. Bien qu'elle n'ait jamais attiré l'attention des commentateurs, elle mérite que l'on en apprécie la portée. Pour Marivaux, la véritable tendresse est un sentiment qui s'ajoute à l'amour, elle n'a de valeur que si le désir la précède ; tout le reste est métaphysique, tout le reste est imagination ou bien contrefaçon du réel. Pourquoi ne pas écrire que tout le reste est étranger aux surprises de l'amour, parce que tout le reste est du marivaudage, c'est-à-dire une inacceptable trahison de Marivaux. Et une trahison plus importante encore que ne l'est une interprétation erronée, parce que le marivaudage est aussi la contradiction du modernisme de Marivaux. Pendant toute sa vie il s'est rangé du côté des Modernes, dans leur fameuse querelle avec les Anciens. Ses œuvres de jeunesse témoignent de son ardente lutte contre *les héritières du sentiment des antiques héroïnes* et, tandis que le marivaudage n'est en somme qu'une maussade promenade au pays du Tendre, le théâtre d'amour de Marivaux est un voyage instructif dans le monde vrai, celui où *la beauté frappe d'abord et où le reste émeut et nous attire*, ainsi qu'il est écrit dans *Pharsamon*.

Les comédies qui peuvent être considérées comme des surprises du désir ne sont pas les seules à avoir subi la déformation imposée par l'absurde crédit accordé au marivaudage : celles que Marivaux a composées dans des genres différents ont partagé le même sort. Ses romans ont été oubliés pendant très longtemps et ses recueils d'anecdotes ou de réflexions ont été considérés par Émile Faguet comme « des Mémoires pour ne pas servir à l'histoire de son temps ». Les uns et les autres fourmillent cependant de portraits, de tableaux pris sur le vif, ou de réflexions personnelles ; parfois une page semble être une confession ou encore une feuille détachée d'un journal intime.

Avant de pousser plus loin l'étude des méfaits du marivaudage, peut-être convient-il d'essayer de mieux connaître le véritable Marivaux, de le connaître par les confidences discrètes auxquelles il s'est livré et qu'il présente comme lui étant étrangères. Devant ces pages on se trouve un peu comme l'enfant qui retourne dans tous les sens un dessin agencé en devinette, pour y découvrir un profil humain dans le tracé d'un buisson ou d'un nuage. Ainsi avons-nous à rechercher, sous la fiction romanesque d'un récit, l'homme que fut Marivaux.

Étant entré par ce moyen dans l'intimité de cet écrivain, pourquoi ne pas l'interroger rapidement sur la vision qu'il avait de l'humanité ? Pourquoi ne pas lui demander d'expliquer lui-même quelques-unes de ses comédies célèbres, d'exposer ses principales idées sociales, religieuses ou philosophiques, de nous renseigner succinctement sur ses conceptions et ses préférences littéraires, de nous apprendre enfin ce qu'il pense du style, lui dont le style était si personnel ?

# Marivaux par lui-même

« Tout un siècle en huit années », écrit Michelet, à propos de la Régence : et rien n'est plus vrai. La Régence a été une réaction immédiate contre toutes les disciplines imposées pendant la fin du règne de Louis XIV ; elle a été aussi une révolte contre l'esprit du XVIIᵉ siècle. A l'austérité de façade qu'affichaient les familiers de la Cour à Versailles, succède le dérèglement effronté du Palais-Royal, demeure du Régent ; à l'obéissance exigée par une autorité naguère absolue, s'opposent des velléités de rebellion ; à l'exercice des privilèges dus à la naissance ou à la faveur royale, répondent des revendications égalitaires ; aux influences morales, à la domination spirituelle des Jésuites, se substituent le cynisme et l'incrédulité. Le bouleversement économique est aussi grand que celui des mœurs. Les mirages d'un nouveau système financier ruinent les uns et enrichissent démesurément les autres ; la fièvre de l'agiotage a remplacé les longues patiences de l'épargne. Déjà se propagent les prémices des théories que les encyclopédistes développeront ; les critiques des institutions de l'État trouvent des oreilles pour les écouter ; la fermentation de nouvelles idées politiques et sociales s'accentue.

C'est pendant les huit années de la Régence que s'est formée, que s'est épanouie la manière de penser, de sentir et d'écrire qui sera celle de Marivaux.

Pierre Carlet de Chamblain de Marivaux est né à Paris le 4 février 1688. Son père était dans l'administration des finances et il y exerça de modestes fonctions, à Riom puis à Limoges. Aucune trace n'existe du séjour des parents de Marivaux dans ces deux villes. On peut admettre que le futur écrivain passa son enfance à Riom

47

◀ *Portraits à la mode,*
par Augustin de Saint-Aubin.

et son adolescence à Limoges, où il était en relation avec la bonne société. En effet, en 1706, il écrivit une comédie en un acte et en vers, *Le Père prudent et équitable*. Il la composa pour prouver qu'il était facile d'écrire pour le théâtre ; son œuvre fut publiée en 1712 après son installation à Paris. Dès son arrivée dans la capitale, il se lie d'amitié avec Fontenelle et Lamotte et, par leur entremise, il devient un des familiers du salon littéraire de la marquise de Lambert.

LA MARQUISE DE LAMBERT

N'est-ce point un peu de lui-même qu'il livre lorsque une dizaine d'années plus tard, il commence ainsi l'histoire qu'un interlocuteur supposé vient de lui confier par écrit : *Je suis né dans les Gaules, d'une famille assez médiocre, et de parents qui, pour tout héritage, ne me laissèrent que des exemples de vertu à suivre. Mon père, par sa conduite, était parvenu à des emplois qu'il exerça avec beaucoup d'honneur et qui avaient déjà rendu sa fortune assez brillante, quand une longue maladie qui le rendit très infirme l'obligea de les quitter dans un âge peu avancé.* La suite de la page introduit dans cette narration un événement postérieur à l'adolescence de Marivaux, mais dont il fut toutefois victime en 1720 : la banqueroute de Law. De ce récit imaginaire il faut donc extraire seulement les passages qui semblent être le reflet de souvenirs personnels relatifs à l'adolescence. Le correspondant supposé donne son âge, seize ans, quand, au sortir de ses classes, dit-il, la maladie et la ruine ne laissèrent à ses parents *qu'un bien de campagne d'un très médiocre revenu* où ils allèrent vivre. Ils y moururent, l'orphelin réalisa le modeste héritage et partit pour Paris. *J'avais plus de cent lieues à traverser pour arriver à Paris ; ce n'est rien que cela pour un homme qui a quelque usage de la vie, mais quel voyage pour un homme de mon âge qui n'avait jamais vu plus de six lieues d'étendue... Me voilà donc en chemin, âgé de dix-huit ans* (en réalité, Marivaux, en avait plus de vingt) *n'ayant pour tout bien qu'une somme d'argent assez médiocre ; quittant un pays où j'étais né* (en réalité, Marivaux y était venu en bas âge), *dont je n'étais jamais sorti, où je ne laissais personne qui pût se ressouvenir de moi... Sans secours, maintenant sans expérience, et comme un enfant sans aveu je traversais en fugitif cette campagne qui ne m'offrait plus de retraite et m'en allais servir de jouet à la fortune.*

Quel souvenir Marivaux a-t-il conservé de ses parents ? Les pères qui figurent dans ses œuvres sont tous indulgents, prudents et équitables, les mères y sont autoritaires, distantes, acariâtres, et même, à la fin du roman de *Marianne*, il en est une qui est dénaturée. A cause de cette différence, on a parfois conclu à la légère que Marivaux ne vouait pas beaucoup de tendresse à sa mère. Pourtant un peu de circonspection eût permis de remarquer que dans aucune comédie ne figurent un fils et une mère. Cette particularité pouvait avoir deux causes. Marivaux, n'ayant pas aimé sa mère, se refusait à laisser percer, dans une scène, ses ressentiments, ou bien, l'ayant chérie, il ne voulait pas profaner, en le portant au théâtre, le cher souvenir d'une tendresse partagée. L'une et l'autre hypothèses sont en parfaite concordance avec le soin que Marivaux a toujours pris de ne rien révéler de sa vie. Toutefois, dans une existence d'homme, si secret cet homme soit-il, arrive un jour où s'exprime un sentiment tenu caché jusqu'alors. Le cœur parle malgré soi, et quand celui d'un écrivain est en cause il livre dans une page ce qu'il voulait taire, et alors un personnage inventé prend la parole et dit : *Je ne me souviens pas d'avoir regardé ma mère comme une personne qui avait de l'autorité sur moi ; je ne lui ai jamais obéi parce qu'elle était la maîtresse et que je dépendais d'elle ; c'était l'amour que j'avais pour elle qui me soumettait toujours au sien. Quand elle me disait quelque chose, je connaissais sensiblement que c'était pour mon bien ; je voyais que c'était son cœur qui me parlait ; elle savait pénétrer le mien de cette vérité-là et elle s'y prenait pour cela d'une manière qui était proportionnée à mon intelligence, et que son amour pour moi lui enseignait sans doute, car je la comprenais parfaitement, tout jeune que j'étais, et je recevais la leçon avec le trait de tendresse qui me la donnait, de sorte que mon cœur était reconnaissant aussitôt qu'instruit et que le plaisir que j'avais en lui obéissant, m'affectionnait bientôt à ses leçons mêmes. Si quelquefois, je n'observais pas exactement ce qu'elle souhaitait de moi, je ne la voyais point irritée ; je n'essuyais aucun emportement, aucun reproche dur et menaçant, point de ces impatiences, de ces vivacités de tempérament qui entrent de moitié dans les corrections ordinaires et qui les rendent pernicieuses par le mauvais exemple qu'elles y mêlent. Non, ma mère ne tombait pas dans ces fautes-là et ne me donnait pas de nouveaux défauts en me reprenant de ceux que j'avais ; je ne lui voyais pas même un air sévère ; je ne la retrouvais pas moins accueillante ; elle était seulement plus triste ; elle me disait doucement que je l'affligeais, et me caressait même en me montrant son affliction ; c'était là mon châtiment, aussi je n'y tenais pas : un jeune homme, né avec un cœur un peu sensible, ne saurait résister à de pareilles manières ; non qu'il ne fût peut-être dangereux de s'en servir avec de certains caractères : il y a des enfants qui ne sentent rien, qui n'ont point d'âme ; pour moi je pleurais de tout mon cœur alors et je lui promettais en l'embrassant de ne lui plus donner le moindre sujet de chagrin et je tenais parole ; je me serais même fait un scrupule de la tromper quand je l'aurais pu ; ce mélange touchant de bontés et de plaintes, cette douleur attendrissante qu'elle me témoignait, quand je faisais mal, me suivait partout ; c'était une scène que je ne pouvais me résoudre à voir recommencer ; son cœur, que je ne perdais jamais de vue, tenait le mien en respect et je n'aurais pas goûté le plaisir de la voir contente de moi, si je m'étais dit intérieurement qu'elle ne devait pas l'être ; je me serais reproché mon erreur. Ces sortes*

MLLES LABAT ET QUINAULT

de choses paraîtront peut-être des délicatesses qui demandent de l'esprit. *Non, avec tout l'esprit possible, souvent on ne les a point ; je le répète, il ne faut pour cela qu'un peu de sentiment. Et qu'est-ce que ce sentiment ? C'est un instinct qui nous conduit et qui nous fait agir sans réflexion, en nous présentant quelque chose qui nous touche, qui n'est pas développé dans de certaines gens, et qui l'est dans d'autres ; ceux en qui cela se développe sont de bons cœurs qui disent bien ce qu'ils sentent ; ceux en qui cela ne se développe pas, le disent mal et n'en font pas moins. Cependant c'est toujours l'esprit de part et d'autre que cet instinct-là, seulement plus ou moins confus dans celui-ci que dans celui-là ; mais c'est une sorte d'esprit dont on peut manquer quoiqu'on en ait beaucoup d'ailleurs, et qu'on peut avoir aussi sans être spirituel en d'autres matières ; et c'est là toute l'explication que j'en puis donner.*

La confidence est trop précise pour ne point correspondre à des instants vécus. Tout ce que l'on sait du caractère de Marivaux, fait de sensibilité, de droiture et surtout d'une sincérité que nul ne met en doute, permet d'affirmer que la mère et le fils dépeints ne sont point imaginaires. Pour confirmer cette impression, on lit quelques lignes plus loin : *La mort me ravit ma mère dans le temps où j'avais le plus besoin d'elle. J'entrais dans un âge sujet à des égarements que je connaissais pas encore et où ce tendre égard que j'avais pour elle m'aurait été plus profitable que jamais.* Marivaux, à peine arrivé à Paris, connut quelques égarements ; introduit dans le monde, et dans le monde du théâtre, il y eut maintes capricieuses aventures avant de se marier, en 1717, avec une jeune fille de Sens, Colombe Bologne.

Que fut le ménage de Marivaux ? Il dura peu ; Madame de Marivaux mourut après six ans d'union en laissant une fille en bas âge. Devenu prématurément veuf, Marivaux ne se remaria point, il contracta de brèves liaisons, puis vers la cinquantaine, il vécut et termina ses jours avec Angélique-Gabrielle Anquetin de la Chapelle Saint-Jean. Est-ce à son court mariage qu'il faut rattacher les réflexions qu'il prête à un Espagnol sur la vie conjugale dans *Le Spectateur français* ? Oui, parce que c'est une probité lucide qui les inspire, parce que c'est la droiture du cœur de Marivaux qui les dicte. La ligne de conduite que conseille ces pages est celle d'un honnête homme

MLLE QUINAULT,
d'après Latour.

qui, les mois ou les années de passion ayant pris fin, remplace par une affection sincère les ardeurs de l'amour. L'Espagnol, ou mieux Marivaux, s'exprime ainsi, quelques mois avant de devenir veuf : *Ce n'est point au mariage à qui je m'en prends ; ce n'est point lui qui fait succéder le dégoût à l'amour. Il y a des amants qui s'aiment depuis dix ans sans se perdre de vue. Qu'arrive-t-il quelquefois ? Leur amour est tiède, il dort de temps en temps entre eux, par l'habitude qu'ils ont de se voir ; mais il se réveille, il reprend vigueur et passe successivement de l'indolence à la vivacité. Pourquoi n'est-ce pas de même dans le mariage ? Serait-ce à cause qu'à l'autel on a juré de s'aimer ? Bon ; eh, que signifie ce serment-là ? Rien, sinon qu'on est obligé d'agir exactement tout comme si on s'aimait, quand même on ne s'aimera plus ; car à l'égard du cœur, on ne peut se le promettre pour toujours, il n'est pas à vous, mais nous sommes les maîtres de nos· actions, et nous les garantissons fidèles, voilà tout. Reste donc ce cœur dont l'amour doit toujours piquer, parce que cet amour est toujours un pur don, parce que les époux ont beau se le faire promettre et qu'ils ne peuvent se le tenir qu'autant qu'ils prendront soin de se le conserver par de mutuels égards... Leur devoir est de se comporter en amants, mais ils ne sont pas réellement obligés de l'être.*

Rares sont les pages où, par la suite, Marivaux parle de l'existence conjugale. Rien de surprenant à cela. Le mariage est le couronnement d'un amour, ou la conclusion d'une affaire. La vie du couple est heureuse ou banale ; le bonheur n'a pas d'histoire, la banalité s'en passe, parce qu'elle serait ennuyeuse ; un ménage n'offre de particularité que lorsqu'il se désagrège. L'adultère ou la fin d'un amour sont des sujets que Marivaux n'a jamais traités au théâtre, car il préfère étudier la naissance d'un sentiment, plutôt que sa croissance ou sa fin.

D'Alembert prétend que Marivaux fut inconsolable de la perte de sa femme ; c'est possible, mais il était encore bien jeune pour rester pendant longtemps strictement fidèle à un souvenir. *La seconde Surprise de l'Amour* n'est-elle pas la démonstration qu'un chagrin d'amour causé par un deuil ou par une claustration, ne met pas à l'abri d'une surprise des sens ? L'idée de cette comédie n'est-elle pas venue à Marivaux à la suite d'une expérience personnelle ? L'hypothèse est d'autant plus vraisemblable

SILVIA
par J. F. de Troy.

que *La seconde Surprise de l'Amour* succède à une série de six œuvres romanesques ou sociales. Marivaux veuf a pu rencontrer, dans un salon ou au théâtre, une femme qui l'a tenté, malgré la douce mémoire qu'il gardait de son épouse. Quatre ans après la mort de celle-ci, il prône l'union libre (*L'Ile de la Raison*, 1727), il revient fugitivement sur ce sujet dans une autre comédie (*La Colonie*, 1729). Il est en 1731 le familier de Mlle Quinault.

Sur ses rapports avec l'exquise Silvia, qui fut sa principale interprète pour les pièces données au théâtre italien, et que son mari battait, doit-on se contenter du témoignage de Casanova pour admettre qu'ils furent toujours amicaux ?

L'Amour au Théâtre italien,
par Watteau *(Musée de Berlin)*.

En 1744 il partage, rue Saint-Honoré, le corps de logis que vient de louer Mlle de Saint-Jean. Il est agé de cinquante-six ans et il est encore trop jeune pour qu'une cohabitation reste platonique ainsi que certains biographes semblent vouloir l'admettre. En 1750, lorsqu'il réduit en un acte les trois actes de *La Colonie*, il conserve le passage ayant trait à la suppression des formalités matrimoniales et légales ; en 1753, il signe une reconnaissance de dettes au bénéfice de Mlle de Saint-Jean, et en 1757 le couple s'installe rue de Richelieu dans un appartement modeste où Marivaux rendra le dernier soupir. Ces quelques dates ont une importance, non pour contredire l'affirmation de d'Alembert à propos de Marivaux veuf inconsolable, mais parce qu'elles permettent peut-être de mesurer la gravité et la durée d'un chagrin conjugal, aggravé plus tard par un chagrin paternel.

Marivaux fut un père très tendre, si l'on en croit les pages où il expose ses idées sur l'éducation des enfants. *Nos enfants pour nous éprouver sensibles ont-ils besoin de le mériter, d'être bons et aimables ? Hélas ! que font sur nous leurs vices, qu'affliger notre amour sans le rebuter... Qu'un enfant est mal élevé quand, pour toute éducation, il n'apprend qu'à trembler devant son père... Vous voulez faire des honnêtes gens de vos enfants ? Ne soyez que leur père et non pas leur juge et leur tyran. Et qu'est-ce qu'être leur père ? C'est les persuader de vous aimer. Cette persuasion-là commence par vous gagner le cœur. Nous aimons toujours ceux dont nous sommes sûrs d'être aimés ; et quand vos enfants vous aimeront, quand ils regarderont l'autorité que vous conserverez sur eux, non comme un droit odieux que les lois vous donnent et dont vous êtes superbement jaloux, mais comme l'effet d'une tendresse inquiète qui leur veut du bien, qui semble les prier de ce qu'elle leur ordonne de faire, qui veut plus obtenir que vaincre, qui souffre de les forcer, bien loin d'y prendre un plaisir mutin, comme il arrive, oh, pour lors, vous serez le père de vos enfants : ils vous craindront, non comme un maître dur, mais comme un ami respectable et par son amour et par l'intérêt qu'il prend à eux ; ce ne sera plus votre autorité qu'ils auront peur de choquer, ce sera votre cœur qu'ils ne voudront pas affliger ; et vous verrez alors avec quelle facilité la raison passera dans leur âme à la faveur de ce sentiment tendre que vous leur aurez inspiré pour vous... Dussent les enfants ne répondre que des impertinences, laissons-les avoir des pensées en propre. A quoi leur servent celles qu'ils répètent en perroquets ? Écoutons leurs impertinences et disons-leur après : ce n'est pas cela qu'il faut dire. Rien ne rend leur esprit plus paresseux que cette provision de petites phrases qu'on leur donne et à laquelle ils s'attendent.*

La fille de Marivaux était en bas âge quand ces lignes furent écrites et ce n'est point s'aventurer beaucoup que de les croire conformes aux méthodes d'éducation que leur auteur adopta pour élever son enfant. Malgré la tendresse et la compréhension dont elle était l'objet, Mlle Colombe-Prospère de Marivaux, autour de 1740, informa son père de son intention d'entrer en religion. La manifestation de ce pieux désir dut chagriner Marivaux qui sans doute essaya de le combattre. N'est-ce point un écho des propos qu'il a peut-être tenus à sa fille, qui se trouve dans le roman *Marianne* ? Commencé en 1731, cet ouvrage est resté inachevé ; la onzième partie parut en 1741. Dans la neuvième, une religieuse essaie en ces termes de dissuader une jeune fille de se consacrer à la vie monastique : *Vous voulez vous faire religieuse ?... et les caresses de nos sœurs, l'accueil qu'elles vous font, les discours qu'elles vous tiennent... tout vous y porte, et vous allez vous engager dans notre état sur la foi d'une vocation que vous croyez avoir, et que vous n'auriez peut-être pas sans tout cela. Prenez-y garde ! J'avoue, si vous êtes bien appelée, que vous vivrez tranquille et contente ; mais ne vous fiez pas aux dispositions où vous vous trouvez ; elles ne sont pas assez sûres, je vous en avertis ; peut-être cesseront-elles avec les circonstances qui vous les inspirent à présent, mais qu ne font que vous les prêter ; et je ne saurais vous dire quel malheur c'est pour une fille de votre âge de s'y être trompée, ni jusqu'où ce malheur-là peut devenir terrible pour elle...*

D'autres arguments succèdent à ceux-ci : il est inutile de les transcrire puisqu'ils ne persuadèrent point Mlle de Marivaux. Elle entra au noviciat de l'Abbaye du Trésor en 1745 et, dotée par le duc d'Orléans, elle prit le voile en 1746. Elle a donc quitté son père quelques mois après que celui-ci résolut de vivre avec Mademoiselle de Saint-Jean. Y a-t-il corrélation entre ces deux faits ou bien Marivaux ne réorganisa-t-il son existence que lorsque la décision de sa fille devint définitive ? Rien, dans ses écrits, ne permet de conclure.

Reçu en 1743 à l'Académie Française, de préférence à Voltaire, il ne donna plus au théâtre que deux comédies en un acte. Vers la fin de sa vie il composa une allégorie charmante, *Félicie*. Ce délicieux petit acte, reçu le 5 mars 1757 par les Comédiens Français, n'a pas encore été joué. Marivaux n'a plus écrit pendant les années qui suivirent. Il s'éteignit le 12 février 1763 à trois heures du matin.

Un visage ovale, un front large, un regard intelligent, caressant et inquiet, une bouche aux lèvres minces et qui ébauche un sourire légèrement désabusé, tels sont les détails qui frappent dans le portrait que peignit L. M. Van Loo. Les cheveux méticuleusement coiffés, la blancheur du col, du jabot et des manchettes en dentelle, témoignent du soin que Marivaux avait de son linge et de sa personne. Il était aussi net au moral que dans sa mise ; si l'on veut analyser son caractère, tant vaut glaner quelques phrases qu'il mit dans la bouche de ses personnages mais qui s'adaptent admirablement à lui.

*Je ne ferai point mon portrait, il serait trop beau ou trop froid ; car les hommes sur eux-mêmes, grâce à l'amour-propre, ne savent point saisir le point de justesse, et l'on aime bien en dire infiniment moins, que de n'en pas dire trop ; ou bien en dire trop, que de n'en dire pas assez.*

*L'honnête homme est presque toujours triste, presque toujours sans biens, presque toujours humilié ; il n'a point d'amis, parce que son amitié n'est bonne à rien ; on dit de lui : c'est un honnête homme ; mais ceux qui le disent le fuient, le dédaignent, le méprisent, rougissent même de se trouver avec lui et pourquoi ? c'est qu'il est estimable.* (*Spectateur français*.)

Marivaux, ruiné par la banqueroute de Law, n'a jamais été dans l'aisance. Indolent jusqu'à ne pas corriger les épreuves de ses livres, paresseux même, il regrettait, en vieillissant, de ne pas s'être abandonné davantage à l'oisiveté qui lui aurait donné plus de jours heureux qu'il n'avait eu d'instants supportables. Il avait peu d'amis, mais les confrères hostiles ne lui manquaient point. Maintes cabales furent ourdies pour amener la chute de ses comédies, si bien que parfois il n'avouait être l'auteur de la pièce qu'après les premières représentations. L'édition originale de la plupart de ses comédies ne porte pas le nom de l'auteur. *La seconde Surprise de l'Amour* est la première comédie qu'il a signée en la

MARIVAUX
par L. M. Van Loo *(Comédie Française)*.

publiant. Il était ombrageux sans être vindicatif et, s'il était spirituel, il n'était ni mordant ni vaniteux. *C'est un grand avantage que d'avoir beaucoup d'esprit, mais il ne faut pas tant l'envier à ceux qui l'ont ; ils n'en jouissent pas impunément, et ils le paient bien ce qu'il vaut. (S. f.).* Nulle plainte n'échappe à Marivaux devant les difficultés matérielles de l'existence, sauf quand celles-ci l'empêchent de goûter au plaisir d'obliger les autres. *Être né bon et ne pouvoir exercer sa bonté, n'est-ce pas vraiment n'avoir pas de quoi vivre ?* Et pourtant il sait par expérience que *nul ne prend la peine de se donner du mouvement pour un homme dont on ne peut rebuter la bonté ni s'attirer la rancune. (S. f.).* Les déboires ne parviennent pas à altérer la mansuétude de Marivaux et dans une comédie allégorique, *Le Chemin de la Fortune,* un personnage déclare ironiquement : *Quand on a le plaisir d'être le plus honnête homme du monde, il ne faut guère s'attendre au plaisir d'être heureux ; on ne saurait avoir tant de plaisirs à la fois.*

*Qu'est-ce que c'est que la société entre nous autres honnêtes gens, s'il vous plaît ?* interroge la Lisette du *Dénouement imprévu,* et elle donne aussitôt la réponse : *N'est-ce pas une assemblée de fous paisibles qui rient de se voir faire, et qui pourtant s'accordent ?* Marivaux connaît bien cette société qu'il observe depuis qu'il est sorti de l'adolescence, et, de tout ce qu'il a déjà vu, il conclut : *C'est une fête délicieuse pour un misanthrope, que le spectacle d'un si grand nombre d'hommes assemblés ; c'est le temps de sa récolte d'idées. Cette innombrable quantité d'espèces de mouvement forme à ses yeux un caractère générique. A la fin, tant de sujets se réduisent en un ; ce ne sont plus des hommes différents qu'il contemple, c'est l'homme représenté dans des milliers d'hommes. (S. f.).* Quelques années plus tard, il imagine d'emmener un voyageur dans un nouveau monde, une contrée où règne une sincérité bien rare ici-bas, mais pratiquée par Marivaux, qui définit ainsi les particularités de ce monde fictif qu'il appelle le monde vrai : *Par ce mot de monde vrai, j'entends exprimer qu'il a pour habitants des hommes vrais, des hommes qui disent la vérité, qui disent tout ce qu'ils pensent et tout ce qu'ils sentent. Ce n'est pas pourtant qu'ils vaillent mieux que nous, ni qu'ils soient ou moins méchants ou moins intéressés ou moins fous que les hommes de notre monde. Ils sont nés avec tous nos vices, et ils ne diffèrent de nous qu'en un seul point,*

*qui, par exemple, les rend absolument d'autres hommes :*
*c'est qu'en vivant ensemble, ils se montrent toujours leur*
*âme à découvert, au lieu que la nôtre est toujours masquée.*
*Ainsi donc, en vous peignant les hommes que j'ai trouvés,*
*je vais vous donner le portrait des hommes faux avec qui*
*vous vivez, je vais lever le masque qu'ils portent... Ne vous*
*imaginez pas que vous allez haïr le monde et le fuir, quand*
*vous serez éclairé. Non, cette méchante humeur-là vient*
*seulement à ceux qui, dans le cours de leur vie, ont de jour*
*en jour la douleur de voir que les hommes les trompent ;*
*qui de la douleur passent à l'indignation contre ces hommes,*
*de l'indignation vont à la haine et sont conduits en droite*
*ligne à une misanthropie où ils achèvent tristement de vivre,*
*comme s'ils voulaient se punir des torts que les autres ont avec*
*eux. Cela n'est pas raisonnable, et c'est aussi ce qui ne vous*
*arrivera pas. Je vais instruire votre esprit, sans affliger*
*votre cœur ; je vais vous donner des lumières, et non pas*
*des chagrins ; vous allez devenir philosophe et non pas mi-*
*santhrope. Le philosophe ne hait ni ne fuit les hommes,*
*quoiqu'il les connaisse ; il n'a pas cette puérilité. Sans compter*
*qu'ils lui servent de spectacle, il est lui-même, en sa qualité*
*d'homme, uni à eux par une infinité de petits liens dont il*
*sent l'utilité et la douceur ; seulement il les tient toujours*
*si aisés à rompre en cas de besoin, que son âme en badine,*
*et n'en est jamais gênée. Ce que je vais vous dire vous appren-*
*dra à badiner des vôtres, à n'en point avoir de plus incommodes.*

Dans ces quelques lignes, Marivaux définit l'attitude
qu'il a prise à l'égard de ses contemporains. Il est un témoin
amusé et lucide, indulgent et débonnaire, il condamne
la sévérité d'Alceste qu'il juge puérile et inutile ; la
connaissance qu'il a de l'humanité ne l'aigrit pas et, tout
au contraire, lui permet de « badiner » avec les contra-
riétés que les agissements d'autrui infligent à une sus-
ceptibilité dont il ne peut se corriger, mais dont il maîtrise
ou contrôle les réactions. Au cours de sa carrière littéraire,
malgré les critiques, acerbes parfois, dont ses œuvres
furent l'objet, il n'a guère cédé qu'une fois à un mouvement d'humeur. Accusé d'avoir attaqué un de ses confrères, il répondit dans le prologue de *L'Ile de la Raison* :
*Cela n'est point dans mon caractère. La manière dont j'ai*
*jusqu'ici traité les matières du bel esprit est bien éloignée*
*de ces petites bassesses-là ; ainsi ce n'est pas un reproche*
*dont je me disculpe, c'est une injure dont je me plains.*

l'Isle de la Raison
ou
les petits Hommes.

# Le monde vu par Marivaux

Que ce soit dans ses comédies ou dans ses romans, Marivaux ne perd jamais l'occasion de brosser des portraits. On pourrait en récolter une centaine rien que dans ses romans. La visite de cette galerie de tableaux serait une grande ressource pour mieux comprendre les personnages caractéristiques de son théâtre, car la vision de l'humanité qu'a le romancier ne diffère pas de celle du dramaturge. Bien rarement ces portraits renseignent sur l'aspect extérieur de la personne dépeinte ; ils sont surtout une analyse psychologique, parfois minutieuse. *On peut ébaucher un portrait en peu de mots ; mais le détailler exactement, c'est un ouvrage sans fin.* La prédilection de Marivaux pour l'étude des âmes ne l'empêche pas, de temps en temps, de se pencher sur le comportement d'une collectivité : *Nous autres Français,* écrit-il dans le prologue de *L'Ile de la Raison, nous ne pensons pas, nous n'avons pas ce talent-là... Pour l'esprit, nous en avons à ne savoir qu'en faire ; nous en mettons partout, mais de jugement, de réflexion, de flegme, de sagesse... on ne nous en donne guère ; et entre nous on n'a pas tout le tort...* [Pourtant il nous] *faut avoir bien du jugement pour sentir que nous n'en avons point... Il n'y a peut-être que le Français au monde capable de cela... Allons, par exemple, chez une autre nation lui exposer ses ridicules... Elle ne sera pas assez forte pour soutenir cela et on nous jettera par les fenêtres. Ici l'on verra tout un peuple rire et battre des mains, applaudir à ce spectacle où l'on se moque de lui en le mettant bien au-dessous d'une autre nation qu'on lui compare. L'étranger qu'on y loue n'y rit pas de si bon cœur que lui, et cela est charmant... Notre orgueil entend raillerie. Il est moins neuf que celui des autres. Dans certains pays, sont-ils savants ?*

*leur science les charge ; ils ne s'y font jamais, ils en sont
tout entrepris. Sont-ils sages ? c'est avec une austérité qui
rebute de leur sagesse. Sont-ils fous, ce qu'on appelle étourdis
et badins ? leur badinage n'est pas de commerce ; il y a quelque chose de rude, de violent, d'étranger à la véritable joie ;
leur raison est sans complaisance, il lui manque cette douceur que nous avons et qui invite ceux qui ne sont pas raisonnables à le devenir : chez eux, tout est sérieux, tout y
est grave, tout y est pris à la lettre : on dirait qu'il n'y a
pas assez longtemps qu'ils sont ensemble ; les autres hommes
ne sont pas leurs frères, ils les regardent comme d'autres
créatures. Voient-ils d'autres mœurs que les leurs ? cela les
fâche. Et nous, tout cela nous amuse, tout est bien venu
parmi nous ; nous sommes les originaires de tous les pays :
chez nous le fou y divertit le sage, le sage y corrige le fou
sans le rebuter. Il n'y a rien ici d'important, rien de grave que
ce qui mérite de l'être. Nous sommes les hommes du monde
qui avons le plus compté avec l'humanité. L'étranger nous
dit-il nos défauts ? nous en convenons, nous l'aidons à
les trouver, nous lui en apprenons qu'il ne sait pas ; nous
nous critiquons même par galanterie pour lui, ou par égard
pour sa faiblesse. Parle-t-il des talents ? Son pays en a plus
que le nôtre ; il rebute nos livres et nous admirons les siens.
Manque-t-il ici aux égards qu'il nous doit ? Nous l'en ac-
cablons, en l'excusant. Nous ne sommes plus chez nous quand
il y est ; il faut presque échapper à ses yeux, quand nous
sommes chez lui. Toute notre indulgence, tous nos éloges,
toutes nos admirations, toute notre justice est pour l'étranger ;
enfin notre amour-propre n'en veut qu'à notre nation ;
celui de tous les étrangers n'en veut qu'à nous, et le nôtre
ne favorise qu'eux.*

Un autre portrait des Français en général se trouve
dans un recueil, *L'indigent Philosophe* (cinquième feuille),
que Marivaux a publié en 1728. Y sont émises à peu
près les mêmes idées que celles qui figurent dans le prologue de *L'Ile de la Raison*, et la page vaut d'être citée, pour
rendre sensible la persistance des thèmes que Marivaux
a fait siens.

*C'est une plaisante nation que la nôtre ; sa vanité n'est pas
faite comme celle des autres peuples. Ceux-ci sont vains naturellement, ils n'y cherchent point de subtilité, ils estiment tout
ce qui se fait chez eux cent fois plus que tout ce qui se fait ailleurs ; ils n'ont point de bagatelles qui ne soient au-dessus de*

*tout ce que nous avons de plus beau; ils en parlent avec un respect qu'ils n'osent exprimer de peur de le gâter ; et ils croient en cela avoir raison, ou si quelquefois ils ne le croient point, ils n'ont garde de le dire ; car où serait l'honneur de la patrie ? Voilà ce qu'on appelle une vanité franche ; voilà comme la nature nous la donne de première main et même comme le bon sens serait vain, si jamais le bon sens pouvait l'être. Mais nous autres Français, il faut que nous touchions à tout, et nous avons changé tout cela. Vraiment ! Nous y entendons plus de finesse, nous sommes bien autrement déliés sur l'amour-propre. Estimer ce qui se fait chez nous ! Eh ! où en serait-on s'il fallait louer ses compatriotes ? Ils seraient trop glorieux, et nous trop humiliés. Non, non ; il ne faut pas donner cet avantage-là à ceux avec qui nous vivons tous les jours et que l'on peut rencontrer partout. Louons les étrangers, à la bonne heure ; ils ne sont pas là pour devenir vains ; et, au surplus, nous ne les estimons pas plus pour cela ; nous saurons bien les mépriser, quand nous serons chez eux. Mais pour ceux de notre pays, myrmidons que tout cela. Voilà votre portrait, messieurs les Français.*

Ce paragraphe contient-il la plainte discrète d'un auteur dénigré et combattu par ses contemporains ? Il est probable que oui, parce que « Myrmidon » est le mot qui termine les couplets du divertissement par lequel s'achève *L'Ile de la Raison*, et cette comédie, à sa création, fut un échec. Marivaux poursuit :

*On ne saurait croire le plaisir qu'un Français sent à dédaigner les ouvrages nationaux et à leur préférer les fariboles venues de loin. Ces gens-là pensent plus que nous, dit-il en parlant des étrangers. Dans le fond, il ne le croit pas et il s'imagine qu'il le croit ; je l'assure qu'il se trompe. Et que croit-il donc ? rien ; mais c'est qu'il faut que l'amour-propre de tout le monde vive. D'abord il parle des habiles gens de son pays, et tout habiles qu'ils sont, il les juge ; cela lui fait passer un petit moment flatteur. Il les humilie ; autre irrévérence qui lui tourne en profondeur de jugement. Qu'ils viennent alors, qu'ils paraissent, ils ne l'étonneront point ; il les verra comme d'autres hommes, ils ne déferreront point monsieur ; ce sera puissance contre puissance.*

La reprise d'une même idée, à plusieurs mois ou années d'intervalle, est fréquente chez Marivaux. Il est pareil à un musicien qui, sur un thème donné, compose des fugues ou des variations brillantes. Dans des œuvres différentes il fait le portrait du bon et du mauvais prédicateur. Au premier il décerne des éloges pour sa simplicité et, ailleurs, pour l'humble sincérité de sa foi ; au second, soit dans *Marianne*, soit dans un recueil d'anecdotes, il reproche de prêcher sur la vanité des choses de ce monde avec la vanité de bien dire. Plusieurs fois il décrit le peuple de Paris, toujours avec une tendre perspicacité.

*Le peuple, à Paris, n'est pas comme ailleurs : en d'autres endroits, vous le verrez quelquefois commencer par être méchant, et puis finir par être humain. Se querelle-t-on, il excite, il anime ; veut-on se battre, il sépare. En d'autres pays, il laisse faire, parce qu'il continue d'être méchant. Celui de Paris n'est pas de même ; il est moins canaille et plus peuple que les autres peuples. Quand il accourt, en pareil cas, ce n'est pas pour s'amuser de ce qui se passe, ni comme qui dirait pour s'en réjouir ; non, il n'a pas cette espièglerie-là : il ne va pas rire, car il pleurera peut-être, et ce sera tant mieux pour lui : il va voir, il va ouvrir des yeux stupidement avides : il va jouir bien sérieusement de ce qu'il verra. En un mot, alors il n'est ni polisson ni méchant ; c'est en quoi j'ai dit qu'il était moins canaille : il est seulement curieux, d'une curiosité sotte et brutale, qui ne veut ni bien ni mal à personne, qui n'entend point d'autre finesse que de venir se repaître de ce qui arrivera. Ce sont des émotions d'âme que ce peuple demande ; les plus fortes sont les meilleures ; il cherche à vous plaindre si on vous outrage, à s'attendrir pour vous si on vous blesse, à frémir pour votre vie si on la menace ; voilà ses délices ; et si votre ennemi n'avait pas assez de place pour vous battre, il lui en ferait lui-même, sans en être plus malintentionné, et lui dirait volontiers : Tenez, faites à votre aise, et ne nous retranchez rien du plaisir que nous avons à frémir pour ce malheureux. Ce ne sont pas pourtant les choses cruelles qu'il aime, il en a peur, au contraire ; mais il aime l'effroi qu'elles lui donnent : cela remue son âme qui ne sait jamais rien, qui n'a jamais rien vu, qui est toujours toute neuve.*

Choses vues, certes, que tout cela, et surtout choses expliquées. Du fait observé, Marivaux passe aussitôt à l'analyse de la psychologie populaire ; les actes humains, même les plus communs, révèlent toujours un peu les tendances ou les agitations de nos âmes. Et c'est à cette découverte que Marivaux s'attache. Le détail qu'il note, la réflexion dont il l'accompagne, dépeignent l'attitude et le mobile de cette attitude. Il a vu, dans une église par exemple, l'assistance qu'il fait décrire par la jeune Marianne :

*C'étaient des femmes extrêmement parées ; les unes assez laides, et qui s'en doutaient, car elles tâchaient d'avoir si bon air qu'on ne s'en aperçût pas ; d'autres qui ne s'en doutaient point du tout, et qui, de la meilleure foi du monde, prenaient leur coquetterie pour un joli visage. J'en vis une fort aimable, et celle-là ne se donnait pas la peine d'être coquette ; elle était au-dessus de cela pour plaire ; elle s'en fiait négligemment à ses grâces et c'était ce qui la distinguait des autres, de qui elle semblait dire : Je suis naturellement tout ce que ces femmes-là voudraient être. Il y avait aussi nombre de cavaliers bien faits, gens de robe et d'épée, dont la contenance témoignait qu'ils étaient bien contents d'eux, et qui prenaient sur le dos de leurs chaises de ces postures aisées et galantes qui marquent qu'on est au fait des bons airs du monde. Je les voyais tantôt se baisser, s'appuyer, se redresser ; puis sourire, puis saluer à droite et à gauche, moins par politesse, ou par devoir, que pour varier les airs de bonne mine et d'importance, et se montrer sous différents aspects. Et moi, je devinais la pensée de toutes ces personnes-là sans aucun effort : mon instinct ne voyait là rien qui ne fût de sa connaissance et n'en était pas plus délié pour cela ; car il ne faut pas s'y méprendre, ni estimer ma pénétration plus qu'elle ne vaut.*

Oh ! combien il est nécessaire d'estimer la pénétration de Marivaux si l'on souhaite ne point trahir les intentions de son théâtre. Dans ses romans, il a le loisir de préciser l'entière signification d'un geste ; au théâtre le geste s'accomplit seulement ; la signification qu'il prend est à deviner, à traduire, si on le peut, — et on le peut toujours. C'est aux romans, ou bien aux recueils d'anecdotes et de réflexions, que l'on doit demander les éclaircissements nécessaires à la compréhension exacte des personnages et des scènes ; c'est en eux aussi qu'on peut grapiller des pages dont la réunion formerait le journal intime de Marivaux ou le livre de ses souvenirs de jeunesse.

Est-ce vraiment Marianne qui découvre ce que sont les gens du monde, ou bien n'est-ce pas plutôt Marivaux qui consigne les impressions et les étonnements qu'il ressentit lorsque, quittant la province, il vint à Paris et fut introduit dans les salons littéraires par quelques amis ? Il n'est pas alors beaucoup plus âgé que Marianne, il est un peu timide, un peu désorienté ; un de ses aînés, Fontenelle ou Lamotte, ne l'a-t-il pas encouragé avec les mots qu'emploie la protectrice de Marianne ?

*Je ne connais point de meilleure compagnie que celle où je te mène, ni de plus choisie ; ce sont tous des gens sensés et de beaucoup d'esprit que tu vas voir : je ne te prescris rien ; tu n'as nulle habitude du monde, mais cela ne te fera aucun tort auprès d'eux ; ils n'en jugeront pas moins sainement ce que tu vaux, et je ne saurais te présenter nulle part où ton peu de connaissance à cet égard soit plus à l'abri de la critique : ce sont des personnes qui ne trouvent ridicule que ce qui l'est réellement ; ainsi ne crains rien, tu ne leur déplairas pas je l'espère.*

Aux impressions qui ont marqué sa jeunesse, Marivaux a ajouté l'éloge discret des habitués des salons littéraires qu'il a fréquentés par la suite. Les gens du monde que décrit Marivaux, dans la page suivante, sont la fleur de cette société courtoise, spirituelle et badine, dont la conduite privée reste toujours élégante, même quand elle est libertine : cette société dans laquelle il a sans doute coudoyé les êtres qui lui servirent de modèles pour les personnages principaux de son théâtre d'amour.

*Ce ne fut point à force de leur trouver de l'esprit, que j'appris à les distinguer ; pourtant il est certain qu'ils en avaient plus que d'autres, et que je leur entendais dire d'excellentes choses, mais ils les disaient avec si peu d'effort, ils y cherchaient si peu de façon, c'était d'un ton de conversation si aisé et si uni, qu'il ne tenait qu'à moi de croire qu'ils disaient les choses les plus communes. Ce n'était point eux qui y mettaient de la finesse, c'était de la finesse qui s'y rencontrait, ils ne sentaient pas qu'ils parlaient mieux qu'on ne parle ordinairement ; c'était seulement de meilleurs esprits que d'autres, et qui par là tenaient de meilleurs discours qu'on n'a coutume d'en tenir ailleurs, sans qu'ils eussent besoin d'y tâcher, et je dirais volontiers sans qu'il y eût de leur faute ; car on accuse quelquefois les gens d'esprit de vouloir briller ; oh ! il n'était pas question de cela ici, et, comme je l'ai déjà dit, si je n'avais pas eu un peu de goût naturel, un peu de sentiment, j'aurais pu m'y méprendre, et je ne me serais aperçue de rien... Ils ne disaient rien que de juste et que de convenable, rien qui ne fût d'un commerce doux, facile et gai ; j'avais compris le monde tout autrement que je ne le voyais là (et je n'avais pas tant de tort) : je me l'étais figuré plein de petites règles frivoles et de petites finesses polies ; plein de bagatelles graves et importantes, difficiles à apprendre et qu'il fallait savoir sous peine d'être ridicule, toutes ridicules qu'elles sont elles-mêmes. Et point du tout ; il n'y avait rien ici qui ressemblât à ce que j'avais pensé, rien qui dût embarrasser mon esprit ni ma figure, rien qui me fît craindre de parler, rien, au contraire, qui n'encourageât ma petite raison à oser se familiariser avec la leur ; j'y sentis même une chose qui m'était fort commode, c'est que leur bon esprit suppléait aux tournures obscures et maladroites du mien. Ce que je ne disais qu'imparfaitement, ils achevaient de le penser et de l'exprimer pour moi, sans qu'ils y prissent garde ; et puis ils m'en donnaient tout l'honneur. Enfin ils me mettaient à mon aise ; et moi qui m'imaginais qu'il y avait tant de mystère dans la politesse des gens du monde, et qui l'avais regardée comme une science qui m'était totalement inconnue et dont je n'avais nul principe, j'étais bien surprise de voir qu'il n'y avait rien de particulier dans la leur, rien qui me fût si étranger ; mais seulement quelque chose de liant, d'obligeant et d'aimable. Il me semblait que cette politesse était celle que toute âme honnête, que tout esprit bien fait trouve qu'il a en lui dès qu'on la lui montre.*

Quels portraits choisir encore parmi tous ceux que Marivaux a burinés ? Il en est quelques-uns sur lesquels un nom est aisé à mettre, que ce soit celui de la marquise du Deffand, celui de Mme de Tencin, ou bien encore

Mme du Deffand, à qui, très probablement, Marivaux a emprunté quelques traits pour le personnage de Mme de Miran dans *Marianne.*

Mme de Tencin, qui fit élire Marivaux à l'Académie française et qu'il a dépeinte sous le nom de Mme Dorsin dans *Marianne.*

celui du cardinal Fleury et même du Président Hénault ; il en est d'autres, on le devine, qui correspondent à des personnes dont les chroniques n'ont pas conservé le nom, il en est enfin qui correspondent à des types généraux. Ceux concernant les hommes sont beaucoup moins nombreux que ceux qui sont consacrés aux femmes, et ils sont aussi moins indulgents. Presque toujours ces derniers se bornent à démasquer un défaut et, tandis que foisonnent les portraits de femmes coquettes, tendres ou amoureuses, il n'en existe guère qui dépeignent leurs éventuels partenaires masculins. Marivaux, ayant le culte de la sincérité, pardonne aux femmes de parler quelquefois sans franchise ; il n'excuse pas les hommes atteints de ce même travers. Il perce à jour leur duplicité et en particulier lorsqu'il s'agit de pseudo-modestes ou de pseudo-véridiques.

*Nous ne manquons pas de gens qui croient être modestes et qui le croient de bonne foi... Je connais un homme qui, bien loin de se louer, se ravale presque toujours ; il combat tant qu'il peut la bonne opinion que vous avez de lui. Eût-il fait l'action la plus louable, il ne tiendra pas à lui que vous ne la regardiez comme une bagatelle ; il n'y songeait pas quand il l'a faite, il ne savait pas qu'il la faisait si bien ; et si vous insistez, il la critique, il lui trouve des défauts, il vous les prouve de tout son cœur et c'est parce que vous êtes prévenu en sa faveur que vous ne les voyez pas. Que voulez-vous de plus beau ? Ah ! le fripon ! Il sait bien qu'il ne vous persuadera pas et il ne prend pas le chemin d'y réussir. Vous l'avez cru vrai dans tout ce qu'il disait ; eh bien ! son coup est fait, vous voilà pris. De quel mérite ne vous paraîtra pas un homme qui, tout estimable qu'il est, ne sait pas qu'il l'est, et ne croit pas l'être ? Peut-on se défendre d'admirer cela ? Non, à ce qu'il a cru. Aussi vous attendait-il là, et vous y êtes. Je m'ennuierais de compter les faux modestes de cette espèce, ils sont sans nombre, il n'y a que cela dans la vie... La modestie réelle et vraie n'est peut-être qu'un masque parmi les hommes. Il est vrai qu'il y a tel masque qu'il est difficile de ne pas prendre pour un visage. Il y en a aussi quantité de si grossiers qu'on les devine tout d'un coup ; et ceux-là, je leur pardonne volontiers, à cause qu'ils me font rire ou qu'ils me font pitié... Messieurs les véridiques, ne vous vantez point tant de votre caractère ; je n'en voudrais pas, moi.*

PRÉVILLE (1721-1799),
par Van Loo *(Comédie Française).*

*Vous n'êtes que des hypocrites aussi, avec cette haine vigou-
reuse dont vous faites profession contre certains défauts, et
des hypocrites peut-être plus haïssables que les autres ; car
sous prétexte d'antipathie vertueuse pour la fausse modestie,
vous ne trouvez personne à votre gré, vous satirisez tout le
monde, aussi bien l'imposteur qui joue les vertus qu'il n'a
pas, que l'honnête homme qui les a ; vous êtes ennemis déclarés
de tous les honneurs d'autrui, vous n'en voudriez que pour
vous ; tout ce qui est loué et estimé vous déplaît. Allez, je ne
suis point votre dupe. Laissez les gens en paix ; souffrez la
vertu ; pardonnez aux hommes leur vanité ; elle est plus sup-
portable que la vôtre, elle vit du moins avec celle de tout le
monde. Les autres hommes ne sont que ridicules et vous
par-dessus le marché vous êtes méchants ; ils font rire, et
vous, vous offensez ; ils ne cherchent que votre estime, et
vous, vous ne cherchez que nos affronts ; est-il de personnage
plus ennemi de la société que le vôtre ?*

La sévérité de l'admonestation ne doit pas être imputée
à un accès de pessimisme. Marivaux a observé tout ce qu'il
raconte, et le rend trait pour trait : s'il fustige, c'est uniquement parce que sa droiture se cabre devant les faux-
semblants. L'égoïste, le fat et l'extravagant ne trouveront
pas davantage grâce auprès de lui. Le premier est *un de ces
hommes ordinaires, qui sont incapables de s'élever à rien de
généreux, qui ne sont ni bons ni méchants ; de ces petites âmes
qui ne vous font jamais d'autre justice que celle que les lois
vous accordent, qui se font un devoir de ne vous rien laisser
quand elles ont le droit de vous dépouiller de tout, et qui,
si elles vous voient faire une action généreuse, la regardent
comme une étourderie dont elles s'applaudissent de n'être
pas capables, et vous diraient volontiers : j'aime mieux que
vous le fassiez que moi.*

Quant au second : *Le jeune homme parle beaucoup et s'estime tant qu'il ne peut s'en taire... C'est de lui que je sais
qu'il est bien fait, qu'il est beau, qu'il est adroit, qu'il a plus
d'esprit qu'un autre, qu'il est connu des femmes, et peut-être
qu'il dit vrai sur ce dernier article. Je l'en croirais volontiers
sur le caractère qu'il m'expose : il est plein de lui-même, il
a du caquet, il se dit persécuté de bonnes fortunes, il ment
joliment à son honneur et gloire. Oh ! parbleu, voilà de grands
avantages avec les femmes ! Vous m'avouerez que c'est là
du mérite, non pas du mérite effectif et vrai, il ne vaudrait
rien celui-là, mais de ce mérite badin, comment vous dirais-je ?*

*de ce ridicule galant, enfin de ce mérite impersonnel qui agace une femme qui veut plaire, non qu'on ne critique un pareil homme et qu'on ne doute quelquefois qu'il soit aussi aimable qu'il croit l'être ; mais qu'il le soit ou non, il a toujours cela d'heureux qu'il y gagne une réputation, on parle de lui. Et quel honneur n'est-ce pas pour une femme que de fixer un pareil homme! A la vérité, en voulant le fixer, il peut bien arriver qu'elle se fixe elle-même. L'ambition d'être aimées joue souvent de mauvais tours aux femmes ; ainsi notre jeune homme pourrait bien être aussi couru qu'il le dit.*

Une quinzaine d'années plus tard, dans la comédie *Les Sincères*, Marivaux ajoute de nouvelles touches à ce portrait du fat.

L'Arlequin de l'*Ile des Esclaves* (scène V) fait lestement celui de son maître et pour cette fine pochade, exécutée à coups de plume, la cadence du style est celle qui caractérisera, un demi-siècle plus tard, la manière d'écrire de Beaumarchais.

La silhouette du jeune extravagant annonce pareillement dix ans par avance, un des personnages du *Petit Maître corrigé. Extravagance et misère, voilà son paquet... Étourdi par nature, étourdi par singerie, parce que les femmes les aiment comme cela ; un dissipe-tout ; vilain quand il faut être libéral, libéral quand il faut être vilain ; bon emprunteur, mauvais payeur; honteux d'être sage, glorieux d'être fou; un brin moqueur des bonnes gens, un petit brin hâbleur : avec tout plein de maîtresses qu'il ne connaît pas ; voilà mon homme. Est-ce la peine de tirer son portrait ?*

Marivaux connaissait les femmes et les aimait. Indulgent pour leurs travers (coquetterie, étourderie, inconstance), il a surtout épié et analysé leurs mouvements de tendresse ou d'amour. Leur vertu est fragile et le serait plus encore sans les maladresses des hommes. *Que deviendrions-nous* (écrit une femme à qui Marivaux prête sa plume) *si les manières des jeunes gens étaient aussi charmantes que leur jeunesse ? En vérité nous n'aurions pas assez de vertu contre eux ; mais ils sont impertinents, cela nous dégoûte d'eux ; et franchement nous nous sauvons mieux avec ce dégoût-là qu'avec de la vertu : il nous est plus aisé d'être sages, quand nous ne sommes plus tentées d'être folles.* Marivaux commençait à peine sa carrière d'auteur dramatique lorsqu'il publia cette remarque ; à cause d'elle peut-être, dans son théâtre, aucun des jeunes gens que l'amour récompense,

GRANDVAL qui joua Rosimond
du *Petit maître corrigé*.

n'est impertinent ou maladroit. Lorsque le Lucidor de
*L'Épreuve* s'obstine à multiplier les épreuves, presque
vexantes, qui doivent l'assurer de la sincérité de l'amour
d'Angélique, il s'arrange pour être le tortionnaire aimable
de la jeune fille, trop éprise pour succomber à une quelconque tentation étrangère à son amour.

Parmi tous les portraits de femmes que Marivaux a tracés, un bon nombre sont exclusivement romanesques : ceux des coquettes, des libertines sur le retour, des inconstantes, des dévotes, des fausses dévotes aussi ; ces dernières *en fait d'amour, ont quelque chose de plus piquant que les autres. Il y a dans leurs façons je ne sais quel mélange indéfinissable de mystère, de fourberie, d'avidité libertine et solitaire, et en même temps de retenue, qui tente extrêmement. Vous sentez qu'elles voudraient jouir furtivement du plaisir de vous aimer et d'être aimées, sans que vous y prissiez garde ; ou qu'elles voudraient du moins vous persuader que, dans tout ce qui se passe, elles sont vos dupes et non pas vos complices.* Quant aux femmes coquettes, *elles font l'amour indistinctement. Ce sont des femmes à promenades, à rendez-vous imprudents ; ce sont des furieuses d'éclat. Elles ne languissent point, elles aiment hardiment, et se plaignent de même ; c'est pour elles faveur du hasard quand on trouve un de leurs billets d'intrigue ; tout cela va au profit de leur gloire.* (Pièces détachées.) Les Célimènes sont une exception dans l'œuvre de Marivaux, et elles sont à peu près absentes de son théâtre, où sont rares aussi les libertines et les écervelées. Des premières, la fée d'*Arlequin poli par l'amour* est presque l'unique spécimen, et des secondes, il n'est guère d'autre exemple que celui de la Dorimène du *Petit Maître corrigé.* En revanche combien n'y a-t-il pas de femmes tendres ou prudentes. *Les tendres sont celles dont le cœur embrasse la profession du bel amour ; leurs esprit fourmille d'idées délicates, elles aiment, en un mot, plus par métier que par passion. Un amant infidèle met leur talent au jour ; sans lui on ne saurait pas qu'elles ont mille grâces attendrissantes dans une affliction de tendresse.* (Ibid.) Parmi les prudentes se rencontrent souvent des prudes contre leur gré ; *elles s'entêtent, non de l'amour de l'ordre, mais de l'estime qu'on fait de quiconque est dans l'ordre. Elles sont ordinairement âgées et forment une cabale d'autant plus dangereuse, qu'elles sont, relativement aux plaisirs, dans une oisiveté dont elles enragent.* (Ibid.)

Les sentimentales sont aussi vulnérables que les amoureuses. *Les personnes qui, en fait d'amour, ne veulent qu'un commerce de purs sentiments, qui ont mis toute leur complaisance à soupirer tendrement, et qui ne cherchent qu'à lutter de délicatesse avec vous, laissez-les faire : toute cette tendresse les apprivoise pour l'amour ; c'est un circuit que le diable leur fait faire et qui les mène, sans qu'elles s'en doutent, où vous les attendez. Elles y viendront, ne vous embarrassez pas ; seulement, elles prennent le plus long, mais on vous les étourdit pendant la marche, et elles arriveront où vous voulez.*

Lorsque Marivaux écrit *La seconde Surprise* ou bien *Les fausses Confidences,* ne montre-t-il pas une marquise ou une Araminte qui prennent le chemin le plus long avant d'en arriver où le souhaitent leurs amoureux ?

Les femmes, ou plus exactement les jeunes veuves que Marivaux met en scène, sont vertueuses. Pour des raisons diverses, elles n'ont pas aimé de nouveau depuis leur veuvage ; les raisons que chacune d'elles oppose à l'amour constituent la différence profonde entre des comédies qui, à première vue, semblent être des broderies sur un unique thème. L'amour, ces jeunes veuves le haïssent, le craignent, ou bien l'attendent inconsciemment. La page qui va suivre est prélevée dans *Le Spectateur français,* dixième feuille. Elle date donc de l'époque où Marivaux écrit ou vient d'écrire la première *Surprise de l'Amour,* et elle donne des indications précieuses pour pénétrer dans le jardin secret des charmantes veuves qui sont au centre des autres comédies amoureuses de Marivaux.

*Quand l'amour se déclare, une femme vertueuse le reconnaît et lui impose silence, bien moins parce qu'elle le hait, que parce qu'elle s'est fait un principe de le haïr et de le craindre. Elle lui résiste donc ; cela est dans les règles ; mais en résistant, elle entre insensiblement dans un goût d'aventures, elle se complaît dans les sentiments vertueux qu'elle oppose ; ils lui font comme une espèce de roman noble qui l'attache et dont elle aime à être l'héroïne. Cependant un amant demande pardon d'avoir parlé, et en le demandant il recommence. Bientôt elle excuse son amour comme innocent, ensuite elle le plaint comme malheureux, elle l'écoute comme flatteur, elle l'admire comme généreux, elle l'exhorte à la vertu et en l'y exhortant, elle engage la sienne, elle n'en a plus. Dans cet état, il lui reste encore le plaisir d'en regretter noblement la perte ; elle va gémir avec élévation ; la dignité de ses remords va la consoler de sa chute. Il est vrai qu'elle est coupable, mais elle l'est du moins avec décence, moyennant le cérémonial des pleurs qu'elle en verse ; sa faiblesse même s'augmente des reproches qu'elle s'en fait. Tout ce qu'elle eut de sentiments pour la vertu passe au profit de sa passion, et enfin il n'est*

*point d'égarements dont elle ne soit capable avec un cœur
de la trempe du sien, avec un cœur noble et vertueux. Une
jeune femme comme celle-là, quand on lui parle d'amour, n'a
point d'autre parti à prendre que de fuir. La poursuit-on ?
qu'elle éclate. Si elle s'amuse à se scandaliser tout bas du
compliment qu'on lui fait, l'air soumis d'un amant la gagne,
son ton pénétré la blesse, et je la garantis perdue quinze jours
après.*

Parmi les jeunes filles qui figurent dans les œuvres de
Marivaux, il n'y en a guère que deux qui soient volontairement provocantes : Mlle Varthon dans le roman
*Marianne* et Agathe du roman *Le Paysan parvenu*. Mlle
Varthon est jolie, Agathe l'est moins, mais moralement
elles se ressemblent. *Agathe n'était pas belle ; cependant
elle avait beaucoup de délicatesse dans les traits avec des
yeux vifs et pleins de feu, mais d'un feu que la petite personne
retenait et ne laissait éclater qu'en sournoise, ce qui tout
ensemble lui faisait une physionomie piquante, spirituelle
et friponne, et de laquelle on se méfiait déjà à cause d'un je
ne sais quoi de rusé qui brochait sur le tout, et qui ne la rendait
pas bien sûre. Agathe, à vue de pays, avait du penchant à
l'amour ; on lui sentait plus de disposition à être amoureuse
que tendre, plus d'hypocrisie que de mœurs, plus d'attention
pour ce qu'on dirait d'elle que pour ce qu'elle serait dans le fond.*

Les jeunes filles de ce genre sont exclues du théâtre de
Marivaux, celles qui y paraissent sont intelligentes sans
être rouées, pures sans être niaises. Toutes veulent se
marier avec l'homme de leur choix, beaucoup d'entre elles
sont à ce sujet en désaccord avec leurs familles. Que sont-
elles au fond d'elles-mêmes ? de charmants êtres en attente.
Pour bien connaître leurs âmes c'est aux publications romanesques de Marivaux que l'on doit s'adresser. Au souvenir
de quelques jeunes gens, confesse une adolescente à son
amie, *se joignit une apparition subite des plaisirs de coquetterie que me vaudrait leur amour. Quelle vue, ma chère, pour
une fille et pour une fille de mon âge ! Aussi je n'y pouvais
tenir, et je tressaillais entre cuir et chair tout autant de fois
que cette idée me passait dans l'esprit.* Elle achève ainsi la
confidence : *A cela s'était jointe une curiosité puérile d'essayer
mes yeux sur un homme ; et de voir ce qui en arriverait ; de
sorte que je n'aurais jamais eu d'amour pour lui* [le garçon
qu'elle a remarqué] *sans l'envie si naturelle d'en avoir pour
n'importe qui, afin de savoir ce que c'était.*

La lettre que Marivaux présente comme provenant de la fille d'une dévote serait à transcrire en entier, car il existe encore des mères dont la bigoterie tyrannise les enfants ; mais en écartant tout ce qui se rapporte à ce cas particulier, on a sous les yeux l'analyse d'un état d'âme apparenté à celui des jeunes filles qui paraissent dans quelques comédies :

*J'ai de seize à dix-sept ans ; j'ai de l'esprit, j'en suis sûre ; car on me déplaît quand on n'en a point et je sais fort bien rire en moi-même de toutes les bêtises que je vois faire... Je ne vous dirai rien de mon cœur. Il suffit que vous compreniez que je suis aimable ; moi, je le comprends encore mieux, et voilà ma peine... A l'égard de mon corps* [son corsage] *il me va jusqu'au menton, il me sert de guimpe : vous jugez bien qu'une âme de seize ans n'est pas à son aise sous ce petit attirail-là. Entre vous et moi, je crains furieusement d'être coquette un jour ; j'ai des émotions au moindre ruban que j'aperçois ; le cœur me bat dès qu'un joli garçon me regarde : tout cela m'est si nouveau, je m'imagine tant de plaisir à être parée, à être aimée, à plaire... Tenez, ce matin, j'étais à ma fenêtre ; un jeune homme a paru prendre plaisir à me regarder ; cela n'a duré qu'un moment, et j'ai eu plus de coquetterie dans cette seule minute-là qu'une fille dans le monde n'en aurait eu en six mois... Ah ! que je m'ennuie !* Cette page a inspiré une partie de *L'École des Mères*, comédie en un acte, que Marivaux fait jouer en 1732. Dans ce charmant lever de rideau, se trouve une réplique d'une gentillesse adorable et en même temps d'une cruauté exquise. Angélique, par ordre de sa mère, doit épouser monsieur Damis qui approche de la soixantaine. Elle est pourtant éprise d'Éraste, fils du sexagénaire. Monsieur Damis sait que son âge lui interdit d'être aimé par un tendron. Il interroge Angélique avec une aménité et une intelligence telles que la jeune fille s'écrie : *Quel bon caractère ! Oh ! que je vous aimerais, si vous n'aviez que vingt ans.* La bonté, la finesse, la sensibilité sont donc des qualités qui perdent toute valeur quand il leur manque la jeunesse ! Une autre Angélique, dans une situation presque analogue, répond à sa mère, à propos du mari âgé qu'on veut lui donner : *Je l'estime, mais je ne l'aime point, et l'estime et l'indifférence vont fort bien ensemble.* (*La Mère confidente.*)

Toutes ces adolescentes qui attendent l'amour, qu'éprouveront-elles quand il se présentera ? L'une d'elles,

Marianne, va donner la réponse en analysant ce qu'elle ressentit à l'instant où elle fut tête à tête avec Valville pour la première fois : *C'était un mélange de trouble, de plaisir et de peur ; oui, de peur, car une jeune fille qui est là-dessus à son apprentissage ne sait point où tout cela la mène ; ce sont des mouvements inconnus qui l'enveloppent, qui disposent d'elle, qu'elle ne possède point, qui la possèdent ; et la nouveauté de cet état l'alarme. Il est vrai qu'elle y trouve du plaisir ; mais c'est un plaisir fait comme un danger, sa pudeur en est effrayée ; il y a quelque chose qui la menace, qui l'étourdit, et qui prend déjà sur elle. On se demanderait volontiers dans ces instants-là : que vais-je devenir ? Car, en vérité, l'amour ne nous trompe point : dès qu'il se montre, il nous dit ce qu'il est et de quoi il sera question : l'âme, avec lui, sent la présence d'un maître qui la flatte, mais avec une autorité déclarée qui ne la consulte pas et qui lui laisse hardiment les soupçons de son esclavage futur. Voilà ce qui m'a semblé de l'état où j'étais, et je pense aussi que c'est l'histoire de toutes les jeunes personnes de mon âge en pareil cas.*

Puisque, aux yeux de Marivaux, l'état ainsi décrit est celui de toutes les jeunes filles en pareille circonstance, pourquoi, lorsqu'une de ces jouvencelles est en scène, le personnage n'est-il pas établi en tenant compte du cas particulier de Marianne, dont Marivaux prend soin de dire qu'il le faut considérer comme un cas général ? Pourquoi de ces amoureuses, si tendres quand elles aiment, si dures quand elles n'aiment pas, ne traduit-on pas scéniquement les délicieuses faiblesses ou les implacables rigueurs ? Le marivaudage est, une fois de plus, le grand responsable de la trahison constante dont au théâtre Marivaux est l'objet.

Acteurs de la Comédie italienne,
par Lancret.

# Quatre surprises du désir

Les quatre chefs-d'œuvre qui sont considérés comme des surprises de l'amour sont en réalité des surprises du désir et non des surprises de la tendresse. Cette méprise, excusable du temps de Marivaux, est impardonnable de nos jours. Elle a vraisemblablement deux causes principales. La première provient de l'entêtement avec lequel on s'efforce aujourd'hui de rappeler par la mise en scène que Marivaux a été surtout joué par les Comédiens Italiens. Il leur a, en effet, donné dix-huit comédies alors que les Comédiens Français n'en interprétèrent que neuf (et une tragédie). La seconde provient du fait que l'on néglige de tenir compte des textes où, en dehors du théâtre, Marivaux a parlé de l'amour. Au sujet de la première cause, ne convient-il pas de prendre l'avis de Marivaux lui-même ?

Lorsqu'il débute au théâtre, Marivaux, dans plusieurs romans, a trop raillé la sentimentalité pour qu'il affuble de mièvrerie les personnages qu'il se propose de mettre en scène. Il va donc présenter des êtres de chair et non des marionnettes. Les audaces qu'il projette d'avoir sont si grandes pour son siècle qu'elles ont besoin d'être voilées par des facéties. Les Comédiens Italiens, avec leur accent étranger, peuvent lancer des répliques effrontées sans que le public s'effarouche. Arlequin et ses partenaires, par une pirouette ou une cabriole, rendent anodin le réalisme de certaines phrases. Marivaux est allé vers les Comédiens Italiens, comme de nos jours vont vers les théâtres d'avant-garde les auteurs qui veulent s'éloigner des sentiers battus. Sans se faire connaître de ses interprètes, donc sans leur donner la moindre indication, il les voit jouer *Arlequin poli par l'Amour* et *La Surprise de l'Amour*. Au cours des représentations de la *Surprise*, il abandonne l'anonymat

# LA SURPRISE

## DE

# L'AMOUR,

## COMEDIE.

REPRESENTÉE PAR LES
*Comediens Italiens de Son Alteſſe Royale*
*Monſeigneur* LE DUC D'ORLEANS.

Le prix eſt de 25. ſols.

## A PARIS,

Chez la Veuve GUILLAUME, Quay des
Auguſtins, au coin de la ruë Pavée,
au Nom de Jeſus.

M. DCC. XXIII.

*Avec Approbation, & Privilege du Roy.*

devant Silvia Baletti, étoile de la troupe, après lui avoir lu des scènes de la pièce qu'elle joue. La comédienne découvre, par cette lecture, le vrai sens des répliques qu'elle a étudiées pourtant et croyait avoir comprises. A la *Surprise* succède *La double Inconstance* et, au sujet de cette comédie, le *Mercure de France* inaugure l'expression : métaphysique du cœur. Marivaux sans doute s'aperçoit alors que le jeu italien masque trop à ses contemporains la véritable signification du texte. Pas la moindre trace de métaphysique ne se glisse pourtant dans *La double Inconstance*, puisque l'affection réciproque de Silvia et d'Arlequin est une tendresse puérile qui est oubliée par l'un et l'autre aussitôt que se montre l'amour. Le critique du *Mercure* a donc porté une appréciation erronée ; le public l'a adoptée néanmoins. Alors, dans la pièce suivante, *Le Prince travesti*, il n'y a plus que le nom d'Arlequin qui rappelle la comédie italienne. Et là encore le maintien de ce personnage dans la distribution est un subterfuge habile pour faire passer dans une grimace, et sans choquer les auditeurs, de dures et méprisantes remarques. Le même procédé était employé dans *La double Inconstance*. Dans les pièces qui suivent, Marivaux réduit petit·à petit le nombre des noms italiens qu'il donne à ses personnages. Pour une comédie extrêmement audacieuse sans en avoir l'air, *Le Jeu de l'Amour et du Hasard*, il a encore recours à trois noms italiens afin d'atténuer, par la fantaisie factice qu'ils impliquent, le réalisme de la comédie. Mais n'est-ce point pour indiquer que ces trois noms sont un simple maquillage de théâtre, que Marivaux a désigné les trois autres personnages de la comédie par des noms du répertoire habituel au théâtre français ? De plus, Arlequin ne se présente point vêtu de son accoutrement traditionnel. Mal comprise une fois de plus par le critique du *Mercure*, qui jugeait que le troisième acte était inutile, alors qu'il est essentiel, la comédie marque le moment où Marivaux se rend définitivement compte que le jeu des Italiens déforme ses pièces et en dénature la substance. Par la suite, concession provisoire, il n'y a plus que la présence d'Arlequin qui évoque parfois la comédie italienne dans les pièces qui furent encore créées par cette même troupe. Un tableau est plus éloquent qu'un commentaire. Voici donc celui des pièces données aux Italiens et des personnages qui y paraissent sous des noms qui sont propres à

*Le Jeu de l'Amour et du Hasard* (Comédie Française). ▶

leur répertoire. Lisette ne figure point parmi eux car elle appartient surtout au répertoire français.

| | | |
|---|---|---|
| *Arlequin poli par l'Amour* | Arlequin, Silvia, Trivelin | 3 |
| *La Surprise de l'Amour* | Arlequin, Lélio, Colombine | 3 |
| *La double Inconstance* | Arlequin, Silvia, Flaminia, Trivelin | 4 |
| *Le Prince travesti* | Arlequin | 1 |
| *La fausse Suivante* | Arlequin, Lélio, Trivelin | 3 |
| *L'Ile des Esclaves* | Arlequin, Trivelin | 2 |
| *L'Héritier de village* | Arlequin | 1 |
| *Le Triomphe de Plutus* | Arlequin | 1 |
| *Le Jeu de l'Amour et du Hasard* [1] | Silvia, Mario | 3 |
| *Le Triomphe de l'Amour* | Arlequin | 1 |
| *L'École des Mères* | | 0 |
| *L'heureux Stratagème* | Arlequin | 1 |
| *La Méprise* | Arlequin | 1 |
| *La Mère confidente* | | 0 |
| *Les fausses Confidences* | Arlequin | 1 |
| *La Joie imprévue* | | 0 |
| *Les Sincères* | | 0 |
| *L'Épreuve* | | 0 |

Dans ce tableau, une comédie a été volontairement omise : *La Colonie*. Le texte original en est perdu. La pièce, jouée en 1729, avait trois actes et n'eut aucun succès. Toutefois le compte rendu du *Mercure* apprend qu'il y avait deux personnages désignés par des noms du théâtre italien : Arlequin et Silvia. Vers la fin de sa carrière d'auteur dramatique, Marivaux a réduit cette pièce de trois actes en un seul acte qui fut publié en 1750 par le *Mercure*. Dans la version réduite, le nom de Silvia est remplacé par celui d'Arthénice, et Arlequin est baptisé Persinet. Est-ce sans raison que Marivaux a opéré ce changement ? c'est peu vraisemblable ; et que signifie-t-il alors, si ce n'est que Marivaux, à ceux qui veulent jouer ses œuvres, donne discrètement le conseil de ne plus le trahir en l'interprétant à l'italienne. Un contemporain de Marivaux, l'auteur dramatique Collé, s'est fait très probablement l'écho des propos

---

1. *On ne doit pas compter Arlequin qui paraît habillé avec les vêtements de Dorante.*

Philosophe est associé aux deux Gouverneurs pour leur servir de Conseil. Ce Philosophe qui s'appelle *Hermocrate* leur reproche la foiblesse qu'ils ont pour un sexe dont ils doivent être les Maîtres. Dans le nouveau Conseil qui s'assemble pour recevoir l'abdication de Timagene & de Sorbin, Hermocrate est élu pour gouverner seul ; il signale son avenement à l'Empire par l'exil du Pere & de l'Amant de Sylvia, & par celui de Sorbin & de sa femme. *Arlequin*, Gendre prétendu de M. Sorbin se trouve envelopé dans la même punition. Cette séverité d'Hermocrate

LA Comédie suivante a été jouée dans une Société & n'a pas été imprimée ; on y reconnoîtra aisément la maniere fine & ingénieuse de M. de Marivaux.

# LA COLONIE,

## COMEDIE.

### ACTEURS.

*Arthenice*, femme noble.
*Madame Sorbin*, femme d'Artisan.
*M. Sorbin*, mari de Mad. Sorbin.
*Timagene*, homme noble.
*Lina*, fille de Mad. Sorbin.
*Persinet*, jeune homme du peuple, amant de Lina.
*Hermocrate*, autre Noble.
*Troupe de femmes*, tant nobles que du peuple.

La Scéne est dans une Isle, où sont abordés tous les Acteurs.

qui se tenaient autour de lui, quand, en 1765, dans son journal, il écrivait que certaines comédies de son confrère étaient « massacrées par ces farceurs d'Italiens ». Collé n'était pas seul à penser ainsi. Bien avant lui, Luigi Riccoboni dit Lélio, premier rôle du Théâtre italien, n'a-t-il pas implicitement condamné la façon dont une partie de la troupe à laquelle il appartenait, jouait la comédie ? Il a tenté en 1729 une vaine démarche pour entrer à la Comédie Française. Il a renouvelé sa demande quelques années plus tard. Le 26 mai 1736, il était autorisé à faire ses débuts à la Comédie Française, mais le 8 juin 1736 l'autorisation était retirée par M. Deselle, contrôleur des Menus, sur l'ordre du duc de la Trémoille.

Que pensait Marivaux de l'amour ? Qu'il est la réunion
du désir et de la tendresse. Immédiatement après *Le Jeu
de l'Amour et du Hasard*, il écrit une allégorie, *La Réunion des
Amours*, pour illustrer cette conception. Devant Minerve,
l'Amour et Cupidon plaident leur cause. L'amour qui se
limite aux purs sentiments est un peu ridiculisé par Cupidon, qui est le dieu du désir. Minerve conseille au premier
d'être plus entreprenant et au second de l'être un peu moins.
Malgré cette pièce on continue de croire que les surprises
de l'amour sont des comédies uniquement sentimentales !
Le vocabulaire de Marivaux interdit pourtant de prolonger
cette bévue. *Si je voulais des amants, j'en aurais de reste…
Ces amants si riches n'ont que de l'amour pour moi… je
veux dire qu'ils ne sont qu'amoureux et point tendres ; ils
ne pensent point sérieusement ; ils ne proposent que d'aimer.*
(*Le Chemin de la Fortune*, scène IV, 1734). Donc, quand il
écrit pour le théâtre, Marivaux emploie le mot : amour, qui
est moins brutal que le mot : désir. Il utilise peu, d'ailleurs,
ce dernier substantif ou le verbe correspondant, mais il ne
faut pas être dupe de cette délicatesse de style. En voici
des preuves :

    — *Il y a bien des amours où le cœur n'a point de part ; il
y en a plus de ceux-là que d'autres, même, et dans le fond,
c'est sur eux que roule la nature, et non pas sur nos délicatesses de sentiment qui ne lui servent de rien. C'est nous le
plus souvent qui nous rendons tendres, pour orner nos passions ;
mais c'est la nature qui nous rend amoureux ; nous tenons
d'elle l'utile que nous enjolivons de l'honnête ; j'appelle ainsi
le sentiment ; on n'enjolive pourtant plus guère ; la mode
en est aussi passée dans ce temps où j'écris.*

    — *C'est un vilain amant qu'un homme qui vous désire plus
qu'il ne vous aime : non pas que l'amant le plus délicat ne
désire à sa manière, mais du moins c'est que chez lui les
sentiments du cœur se mêlent avec les sens ; tout cela se fond
ensemble : ce qui fait un amour tendre, et non pas vicieux,
quoique à la vérité capable du vice ; car tous les jours, en
fait d'amour, on fait très délicatement des choses fort grossières.*

    — *On plaît avec un joli visage, on inspire ou de l'amour ou
des désirs. Est-ce de l'amour ? Fût-on de l'humeur la plus
austère, il est le bienvenu. Le plaisir d'être aimée trouve
toujours sa place ou dans notre cœur ou dans notre petite
vanité. Ne fait-on que nous désirer ? Il n'y a encore rien*

*de perdu. Il est vrai que la vertu s'en scandalise ; mais la vertueuse n'est pas fâchée du scandale.*

*— Allez dire à une femme que vous trouvez aimable et pour qui vous sentez de l'amour : Madame, je vous désire beaucoup, vous me feriez grand plaisir de m'accorder vos faveurs ; vous l'insulterez, elle vous appellera brutal. Mais dites-lui tendrement : je vous aime, Madame, vous avez mille charmes à mes yeux ; elle vous écoute, vous la réjouissez, vous tenez le discours d'un homme galant. C'est pourtant lui dire la même chose ; c'est précisément lui faire le même compliment. Il n'y a que le tour de changé ; et elle le sait bien, qui pis est... Toute femme entend qu'on la désire quand on lui dit : je vous aime ; et elle ne vous sait gré de ce compliment qu'à cause qu'il signifie : je vous désire. Il le signifie poliment, j'en conviens. Le vrai sens de ce discours-là est impur ; mais les expressions en sont honnêtes, et la pudeur vous passe le sens des paroles. Quand le vice parle, il est d'une grossièreté qui révolte ; mais qu'il paraît aimable, quand la galanterie traduit ce qu'il veut dire.*

Un phénomène surprenant se produit la plupart du temps quand on joue l'une ou l'autre *Surprise de l'Amour* ou bien *Les fausses Confidences* : on oublie que les héroïnes en sont des veuves et on leur prête des attitudes de jeunes filles. Est-ce parce que le développement extérieur des intrigues de ces trois comédies ne serait en rien modifié si au lieu d'être des veuves, la Comtesse, la Marquise et Araminte étaient des adolescentes dont les fiançailles se sont rompues pour des causes diverses : mauvais caractère du prétendu, pour la froide Comtesse ; décès prématuré du fiancé de l'amoureuse Marquise ; ruine ou inconstance du garçon qui devait épouser la raisonnable Araminte ? Puisque Marivaux a attribué à ces trois femmes la qualité de veuve, c'est évidemment parce que leur viduité devait avoir une importance dans l'étude psychologique qu'il leur consacrait. Or la seule différence qu'il y a entre une vraie jeune fille et une veuve, est que la première n'a aucune expérience des réalités conjugales tandis que la seconde les connaît.

Le sujet que Marivaux a traité dans *La Surprise de l'Amour* peut se résumer ainsi : Il ne faut jurer de rien, car soit le désir, soit l'amour se moquent de nos résolutions les plus fermes. Voici donc deux êtres, Lélio et la Comtesse, qui sont décidés à ne plus aimer. Ils se rencontrent et se bravent ; le dépit aidant, ils éprouvent une sorte d'attirance mutuelle dont ils ne veulent pas convenir, mais qui n'échappe point à un observateur amical et lucide, témoin de leur conversation initiale, et qui leur avait dit : *Nos propres expériences et les relations de nos voyageurs, nous apprennent que partout la femme est l'amie de l'homme, que la nature l'a pourvue de bonne volonté pour lui.* (Acte I, scène VIII). La Comtesse prétend être *la seule exception à cette loi générale,* et elle *se rencontre avec un personnage unique,* ce Lélio qui s'est *condamné au chagrin de ne plus voir de femmes, en expiation du crime qu'il a fait, quand il en a vu.* La Comtesse se déclare donc atteinte d'une androphobie égale à la misogynie affichée par Lélio. L'état d'âme de ces deux personnes provient de motifs différents.

Marivaux a donné quelques fugitives indications sur la cause de l'aversion que la jeune veuve affecte pour les hommes. Ayant eu sans doute à se plaindre de feu son mari, elle a généralisé. Son court mariage dut être une désillusion, il avait été conclu sans doute comme celui dont parle Marivaux dans *Le Spectateur français. On me maria à dix-huit ans ; je dis qu'on me maria, car je n'eus point de part à cela ; mon père et ma mère me promirent à mon mari, que je ne connaissais pas ; mon mari me prit sans me connaître et nous n'avons pas fait d'autre connaissance ensemble que celle de nous trouver mariés et d'aller notre train sans nous demander ce que nous pensions, de sorte que j'aurais dit volontiers : quel est cet étranger dont je suis devenue la femme ?* La lune de miel de la Comtesse a été une lune de fiel qui lui a fait détester les hommes ; mais malgré son union décevante, un obscur malaise subsiste en elle, celui dont souffre une chair insatisfaite. Au cours du premier acte de la comédie, une tentation succède à ce tacite regret. La conversation que la Comtesse échange avec Lélio gravite autour des rapports qu'ont entre eux les hommes et les femmes. La comtesse va même jusqu'à reprocher à la vanité masculine *de déshonorer un sexe qu'elle ose mépriser pour les mêmes choses dont l'indigne qu'elle est fait sa gloire.* Pendant cette évocation de l'adultère la Comtesse ne pense-t-elle pas à ce qui se passe la nuit quand une veuve cesse de l'être ? Le souvenir d'une première expérience déplorable la pousserait-elle à espérer qu'avec Lélio, elle pourra en vivre une délectable ? Lélio a dit précédemment à son domestique : *Le cœur d'une femme se donne sa secousse à lui-même ; il part sur un mot qu'on dit, sur un mot qu'on ne dit pas, sur une contenance.* Qui sait si Lélio n'a pas souri lorsque la Comtesse a accusé les hommes de s'enorgueillir des faiblesses féminines ? Alors, devant cette attitude gentiment narquoise, tout en croyant que Lélio lui est indifférent, énervée du dédain que le jeune homme affecte de professer pour les femmes, la Comtesse lance un défi : *Vous voilà bien irrité contre les femmes ; je suis peut-être, moi, la moins aimable de toutes : tout hérissé de rancune que vous croyez être, moyennant deux ou trois coups d'œil flatteurs qu'il m'en coûterait, grâce à la tournure grotesque de l'esprit de l'homme, vous allez me donner la comédie.* (Acte I, sc. VII). Défier ainsi c'est être coquette, c'est, avant d'entamer une joute amoureuse, se persuader que l'aigreur est l'antidote de la tentation, c'est se donner à soi-même l'excuse d'être provocante afin de ne pas reconnaître que c'est le désir d'aimer et d'être aimée qui vous pousse.

Au tour de Lélio maintenant : le jeune homme mortifié par la trahison d'une maîtresse... Il faut prendre ce mot dans le sens qu'il a de nos jours et non dans le sens de fiancée. En effet, Lélio et Arlequin se plaignent d'une infidélité et non pas d'une inconstance : nuance. Marivaux leur fait dire : qu'une femme n'a jamais autant d'esprit que lorsqu'elle est *en corset et en petites pantoufles* ; que l'un et l'autre ressentent *une émotion de cœur* dès qu'ils se ressouviennent *qu'il y a des femmes au monde et qu'elles sont aimables* ; que *sans l'aiguillon de l'amour et du plaisir, le cœur des hommes est un vrai paralytique.* (Acte I, scène II). Lélio paraît être trop enclin aux plaisirs de l'amour pour que sa résolution de renoncer aux femmes soit définitive. Il connaît sa faiblesse et il en redoute les conséquences au point qu'il a préféré fuir la Comtesse jusqu'à présent. La première conversation qu'il échange avec elle est un double persiflage, mais en fait : *Voilà de l'amour qui commence par du dépit... Ah ! le beau duo ! Vous ne savez pas combien il est tendre.* Les duettistes ne conviendront de leur tendre convoitise qu'à la fin de la comédie, quand ils auront épuisé tous les atermoiements.

Pendant le deuxième acte, l'amour-propre retarde

Lélio présente Arlequin
(*Musée Carnavalet*).

leurs aveux. Ils ont l'un et l'autre l'hypocrisie charmante de répéter qu'ils veulent se fuir, alors qu'ils n'aspirent qu'à se joindre, et, la fuite devant l'éveil de leur mutuel désir devenant inefficace, ils se flattent de ne voir en leur attirance réciproque que la manifestation d'une amitié fondée sur l'estime ; mais le désir et les images qu'il enfante ne les abandonnent point : *Madame, vous m'avez tantôt offert votre amitié ; je ne vous demande que cela, je n'ai besoin que de cela ; ainsi vous n'avez rien à craindre.* La Comtesse, d'un air froid : *Puisque vous n'avez besoin que de cela, Monsieur, j'en suis ravie ; je vous l'accorde j'en serai moins gênée avec vous !* (Acte II, scène VII).

A quoi ont-ils intérieurement songé en échangeant ces répliques ? à ces choses fort grossières qu'on fait en amour avec délicatesse ! Lorsqu'enfin l'un et l'autre sont réduits aux aveux, quand, genou en terre, Lélio a supplié : *Condamnez-moi ou faites-moi grâce*, la Comtesse, confuse (l'indication est de Marivaux), de répondre : *Ne me demandez rien à présent... Laissez moi respirer.* A quoi pense-t-elle donc pour être confuse ?... Se promet-elle, se fiance-t-elle par ces mots ? Au cours de la pièce la Comtesse et Lélio, se confiant à leurs serviteurs respectifs, Colombine et Arlequin, n'ont jamais introduit un projet matrimonial dans leurs propos ; ils ont dit au début : je ne veux plus aimer, et, lorsqu'ils conviennent qu'ils aiment, ils ne disent point : je veux me marier. Marivaux laisse subsister un doute sur la façon dont se dénoue l'aventure. La Comtesse et Lélio se désirent, il est trop tôt pour qu'ils soient tendres. Ils sont libres, comme le sont Colombine et Arlequin qui, en même temps que leurs maîtres, ont pris du goût l'un pour l'autre. Les ménétriers étant venus pour une noce paysanne, nul d'entre eux ne dit, qu'en plus, en seront fêtées deux autres. Arlequin, expéditif et déluré, égrillard peut-être, propose : *Colombine, pour nous, allons nous marier sans cérémonie. — Avant le mariage il en faut un peu ; après le mariage je t'en dispense*, répond la soubrette, et le rideau tombe. Que va-t-il se passer derrière ? La cérémonie dont il faut un peu, est-elle la venue du notaire, ou bien se limite-t-elle aux tergiversations qui ont occupé les trois actes ? *Une femme a-t-elle besoin d'un plus grand oubli de vertu pour remplir les espérances d'un amant que pour les donner ?* Marivaux se pose souvent la question sous diverses formes et toujours il conclut qu'une femme hésite plus avant de se promettre qu'elle n'hésite avant de s'abandonner. *Femme tentée, femme vaincue, c'est tout un,* disait le Trivelin d'*Arlequin poli par l'Amour,* et, dans *Le Spectateur français,* Marivaux analyse rapidement pourquoi. *Agitée d'amour et de crainte, une femme se perd dans ses émotions, ne réfléchit à rien, ne sent rien de distinct dans son âme, qu'une douceur dangereuse dont elle n'ose jouir et dont elle jouit malgré elle... Le peu de réflexions raisonnables que fait une femme dans ces moments-là n'aboutit à rien ; ce n'est jamais qu'une façon plus honnête de se rendre.* Le désir éprouvé par la Comtesse est une surprise et non une tentation brutale. Qu'il ait un couronnement légitime ou non, peu importe, il fallait montrer qu'il est prématuré de dire : fontaine je ne boirai pas de ton eau, quand on est encore susceptible d'avoir soif.

Silvia Baletti jouait avec un grand succès *La Surprise de l'Amour* lorsque Marivaux, qu'elle ne connaissait pas, lut devant elle quelques scènes de sa comédie : « Vous êtes le diable ou l'auteur » s'écria-t-elle, parce que cette lecture lui révélait que, dans le rôle qu'elle interprétait, de nombreuses intentions lui avaient échappé. Elle constatait qu'emportée par sa fantaisie un peu superficielle d'actrice italienne, elle avait joué « La Surprise de la Tendresse » alors que l'auteur avait écrit *La Surprise de l'Amour.* Hélas ! Marivaux n'est plus de ce monde ! Il ne peut plus donner à ses interprètes actuels des indications sur leurs rôles afin de les situer dans leur véritable climat. Pourtant, au moment où il travaillait à une comédie, il rédigeait souvent en même temps des publications littéraires ou des fragments de roman, et dans ces ouvrages, sans le préméditer peut-être, il introduisait une courte description, une analyse psychologique ou une remarque qui éclairaient les personnages mis en scène. Jouer les comédies de Marivaux sans scruter ses autres œuvres, c'est s'exposer à le trahir.

LA SECONDE
SURPRISE
DE
L'AMOUR,
COMEDIE,

Representée par les Comediens François ,
au mois de Decembre 1727.

Par Monsieur DE MARIVAUX

A PARIS,
Ch'ez PIERRE PRAULT, Quay de
Gesvres, au Paradis.

M. DCC. XXVIII.

La première comédie
de Marivaux publiée
avec le nom de l'auteur

*La seconde Surprise de l'Amour* est peut-être celui des
chefs-d'œuvre de Marivaux qui est le plus déformé, par
suite d'une erreur vestimentaire. Aussi, l'erreur une fois
commise au lever du rideau, et elle l'est toujours, la naissance de l'amour entre la Marquise et le Chevalier dépend
de la plus piteuse des conventions, qu'un auteur dramatique maladroit n'envisagerait même pas. Le premier
acte, celui qu'on joue et non celui qu'a écrit Marivaux,
se résume ainsi :

La jeune Marquise pleure, depuis un semestre, la
mort d'un époux adoré avec lequel elle n'a vécu qu'un
mois. Elle habite presque la même maison que le Chevalier, ils bénéficient de l'usage du même jardin, ils ont
mêmes relations mondaines et ils se connaissent de
longue date. La Marquise est au courant des amours
contrariées du Chevalier pour Angélique, jeune fille
qui lui est refusée et qui depuis huit mois est entrée au
couvent. La Marquise, devant se rendre dans une terre
voisine du monastère, consentira-t-elle à remettre à la
novice une dernière lettre d'adieu ? Le Chevalier prie
la Marquise de lire ce qu'il a écrit. La lecture tire des
larmes à la jeune veuve, dont l'émotion se communique
au Chevalier. Alors les deux interlocuteurs décident

de resserrer les liens de leur amitié. Cette amitié est un amour qui s'ignore, mais qui soudainement est devenu assez puissant pour que le Chevalier renonce à s'enterrer, avec son chagrin, dans une propriété campagnarde et pour que la Marquise convienne : *Ce garçon-là a un fond de probité qui me charme.* Le Chevalier accorde à la jeune veuve *de la solidité d'esprit, de la bonté, du cœur.* Cette découverte le touche au point qu'il se montre jaloux des assiduités dont le Comte entoure la sensible marquise.

En jouant ainsi le début de cette comédie, on veut faire accroire que la lecture d'une lettre, effectuée dans de telles conditions, a été la raison déterminante du changement soudain de la Marquise et du Chevalier ! Que ces deux êtres, entretenant depuis longtemps des relations amicales, modifieront leurs rapports à la suite d'un pareil enfantillage : une brève lecture ! Qu'une telle baliverne a suffi pour qu'ils se regardent avec d'autres yeux ! Non, il est nécessaire qu'un fait nouveau les ait incités à se voir autrement qu'à l'accoutumée.

Se contenter de faire parcourir les quelques lignes d'une lettre pour décider une veuve et un visiteur à oublier leurs chagrins respectifs ! Marivaux n'a pas recouru à une pareille niaiserie pour amorcer l'évolution des deux éplorés ; bien au contraire, il a indiqué clairement de quel ordre est le fait nouveau, le détail par lequel l'amour surprend la Marquise et le Chevalier, et c'est la bagatelle la plus féminine qui soit : une robe. Et alors, compte tenu de cette bagatelle, la naissance de l'amour découle tout simplement de la plus naturelle et en même temps de la plus ingénieuse des trouvailles, que l'auteur dramatique le plus habile n'arrive à imaginer que bien rarement ! Une robe prendre tant d'importance ! Une robe ! Un tel rien ! *Un rien finit les amours les plus tendres ou les fait naître tour à tour* avait écrit, ou écrira, Marivaux dans *Pharsamon.* A cause du rien qu'est une robe, les amours de la Marquise et du Chevalier sont nées. Quelle particularité offre donc cette robe ? Aucune. Cette robe est un vêtement du matin, un négligé disait-on au XVIII⁰ siècle, et, au sujet du négligé, Marivaux déclare : *Il est l'équivalent de la nudité, il est une abjuration simulée de la coquetterie, mais en même temps le chef-d'œuvre de l'envie de plaire.* (Pièces détachées, 1830).

La marquise, en recevant le Chevalier ainsi vêtue, se

conforme aux usages de son époque ; plus d'un exemple est même fourni par les romans de Marivaux. En outre, et en toutes lettres, il est dit dans la comédie que la Marquise se lève et que sa servante achève de l'attifer, que la jeune veuve s'apprête à recevoir Hortensius, son bibliothécaire, dès qu'il arrivera. Lorsque le Chevalier fait annoncer sa visite, la Marquise ne songe pas un seul instant à changer de robe ; y songer serait accorder une importance au négligé qu'elle porte. Aurait-elle voulu se vêtir autrement, le temps lui en aurait manqué. Donc, en suivant scrupuleusement le texte de la comédie, tout indique que la Marquise, en négligé, reçoit le Chevalier.

Avant de passer à l'analyse de la scène où ces deux personnages s'entretiennent, il est nécessaire de s'attarder sur deux répliques de Lisette à sa maîtresse. Après avoir gémi sur son malheur, la veuve éplorée affirme qu'elle a tout perdu.

LISETTE. — *Tout perdu ! Vous me faites trembler : est-ce que tous les hommes sont morts ?*

LA MARQUISE. — *Eh ! que m'importe qu'il reste des hommes ?*

LISETTE. — *Ah ! Madame, que dites-vous là ? Que le ciel les conserve ! Ne méprisons jamais nos ressources.*

LA MARQUISE. — *Mes ressources ! A moi, qui ne veux plus que m'occuper de ma douleur ! Moi, qui ne vis presque plus que par un effort de raison.*

Ce mot : ressource, est l'évocation de l'acte essentiel de l'amour. Il provoque une réaction de la Marquise, réaction fugace et dont la brièveté annonce la prochaine faiblesse d'une femme qui a moins renoncé à l'amour qu'elle ne le prétend.

Négligé ! Ressource ! Deux riens, et, si l'on en tient compte, le premier acte de *La seconde Surprise de l'Amour* n'est plus la fadaise que l'on joue habituellement, mais il devient l'humain et subtil régal imaginé et écrit par Marivaux. Le négligé ne commence à prendre une importance que lorsque, la lettre lue, la Marquise pleure et parle de son défunt mari. Son émotion s'accompagne d'un léger désordre qui découvre ou une épaule, ou la naissance d'une gorge, ou une cheville nue. Le chevalier a risqué un regard ; c'est un homme, malgré son chagrin, et la Marquise est jeune. Ce regard n'a pas échappé à

ADRIENNE LECOUVREUR
Elle créa la marquise de *La seconde Surprise de l'Amour.*
(Portrait par Coypel.)

la sensible veuve et, comme elle ne saurait se fâcher s'il se renouvelait, elle offre son amitié : *Je vous la demande de tout mon cœur*, répond le Chevalier, *elle sera ma ressource ; je prendrai la liberté de vous écrire, vous voudrez bien me répondre, et c'est une espérance consolante que j'emporte en partant.*

Lisette, au début de l'acte, a prononcé ce mot : ressource, et elle lui donnait un sens très positif. Le Chevalier l'emploie à la suite du clin d'œil discret qu'il a lancé sur les charmes de la Marquise. L'offre d'amitié qui lui est faite ensuite lui donne un regain de convoitise, qu'il dissimule aussitôt par l'annonce de son départ définitif. La jeune veuve... Lisette n'a-t-elle pas dit des yeux de sa maîtresse : *Ah ! les fripons, comme ils ont encore l'œillade assassine ; ils m'auraient déjà brûlée, si j'étais de leur compétence ; ils ne demandent qu'à faire du mal.* La Marquise, sans penser à mal, émet le souhait que le Chevalier ne s'éloigne pas, et la raison dont elle appuie ce vœu est à la fois un renouveau de tentation pour l'homme et pour elle l'apparition d'une image troublante. *Il n'y a qu'avec vous que ma douleur se verrait libre.* En somme, la Marquise espère qu'elle pourra gémir devant le Chevalier sans s'exposer à être l'objet d'une tendre consolation, mais formuler cet espoir implique qu'elle a pensé aux caresses qui font oublier un chagrin. Désormais l'image de l'amour ne les quitte plus l'un et l'autre. Le début d'une réplique la précise, et la fin l'estompe. C'est un jeu délicat d'avances et de réticences. *Nous sommes voisins*, dit la Marquise. *Nous demeurons comme dans la même maison*, répond le Chevalier qui atténue aussitôt ce qu'il vient de suggérer : *puisque le même jardin nous est commun.* La maison, c'est l'intimité du tête-à-tête, le jardin, c'est une conversation en plein air, sous les yeux de probables témoins. La Marquise est un peu troublée par les intentions qu'elle a cru deviner à travers les propos du Chevalier. Celui-ci n'a parlé que d'amitié, et la jeune veuve soupire : *Nous n'avons que cette ressource-là dans nos afflictions, vous en conviendrez...* Comme un écho lui parvient la signification que Lisette accordait à ce mot : ressource. Elle s'effraie des résonances que ce mot éveille en elle, alors elle change brusquement le sujet de la conversation : *Aimez-vous la lecture ?* Ah ! l'ingénieux moyen pour avoir près de soi un homme qui ne déplaît point.

Au cours de cet acte le mot « ressource » a été prononcé trois fois ; cette répétition n'est point due au hasard, elle constitue une indication précieuse ; elle situe sur un plan réel une scène capitale. La fin de la dernière réplique du Chevalier associe les mots : amour et amitié. La juxtaposition n'est pas fortuite non plus. *Vous avez renoncé à l'amour et moi aussi ; et votre amitié me tiendra lieu de tout, si vous êtes sensible à la mienne.* De tout ! Combien délicate est cette façon détournée de revenir sur une tentation consolante, ressource précieuse, dérivatif qu'il ne faut pas mépriser, conseillait Lisette.

Succinctement exposées, telles sont les fluctuations de la scène du premier acte où, à cause d'une robe, l'amour prend naissance. *Il y a bien des amours où le cœur n'a point de part. Toute femme entend qu'on la désire quand on lui dit : Je vous aime,* ne fût-ce que par un regard. *Le plaisir d'être aimée trouve toujours sa place dans le cœur ou dans la vanité* d'une femme. La convoitise que le négligé de la Marquise a inspirée au Chevalier, n'a pas échappé à Lisette *qui était sous le berceau pendant leur conversation,* et finement elle dit : ... *tantôt vous l'avez vue soupirer de ses afflictions, n'auriez-vous pas trouvé qu'elle a bonne grâce à soupirer ? Je crois que vous m'entendez ?* Devant cette perspicacité, le Chevalier regimbe : *Expliquez-vous, qu'est-ce que cela signifie ? Que j'ai de l'inclination pour elle ?* (Acte I, scène XI). L'euphémisme est charmant pour définir le sentiment que le Chevalier éprouve. *C'est tenir le discours d'un homme galant... il n'y a que le tour de changé.*

Quelques commentateurs de Marivaux jugent que cette *Seconde Surprise* est plus artificielle que les autres ; elle est, au contraire, aussi humaine et peut-être plus exquisement humaine que ses devancières si, au lever du rideau, la Marquise est en négligé. Elle devient alors un pur chef-d'œuvre. Les précédents étaient des échiquiers de marqueterie sur lesquels se déplaçaient des pions sculptés dans l'ébène et dans le buis, et celui-ci est un échiquier assemblé par un orfèvre et sur lequel se meuvent des pions ciselés dans des métaux précieux.

A propos du *Jeu de l'Amour et du Hasard*, Alphonse
Daudet écrivait que, Sedaine mis à part, Marivaux était,
au XVIIIe siècle, le seul auteur dramatique « capable de
tirer de cet impertinent imbroglio une œuvre aussi
chaste et aussi distinguée ». Souscrire à ce jugement
équivaut à penser que le véritable titre de la comédie
serait « Le Jeu de la Tendresse et de l'Arbitraire ». La
tendresse est toujours chaste, l'amour ne l'est guère,
en pensée tout au moins, dans les œuvres de Marivaux.
Le sujet de la comédie est extrêmement simple. Silvia
et Dorante, jeunes bourgeois travestis en domestiques
afin de s'étudier à leur aise, éprouvent l'un pour l'autre,
et à première vue, une attirance telle que, pour s'appartenir, ils sont prêts à rompre avec tous les préjugés mondains. Ce déguisement, si banal chez tant d'autres auteurs,
est ici une trouvaille que le seul Marivaux pouvait exploi-
ter. Dans ses comédies précédentes, presque systémati-
quement, le couple des jeunes maîtres et le couple des
domestiques vivent une identique intrigue d'amour.
Les premiers se courtisent avec le vocabulaire pudibond
et la prévenance des gens bien élevés, tandis que les
seconds se parlent en un langage direct et se permettent
des privautés. Les serviteurs extériorisent leurs émois

ou leurs tentations physiques, et les maîtres éprouvent les mêmes sans oser les manifester ou les avouer. La livrée que Silvia et Dorante ont endossée, a pour effet de les libérer partiellement des conventions mondaines, et de leur permettre d'être vrais ; ils n'ont plus à dissimuler les impressions qu'ils éprouvent et à se priver des familiarités qu'ils recherchent. L'un et l'autre n'avaient pas prévu cette conséquence de leur travestissement ; ils croyaient mener le jeu et c'est le hasard d'une attirance immédiate qui va tout conduire. *Entre gens comme vous*, dit Mario, *le style des compliments ne doit pas être si grave ; vous seriez toujours sur le qui-vive ; allons, traitez-vous plus commodément.* (Acte I, scène VI).

L'obligation qu'ils ont de se traiter commodément, s'ils veulent efficacement prolonger leur supercherie vestimentaire, crée un risque qu'ils doivent assumer malgré eux. *Les petits arrangements qu'on prend d'avance sont assez souvent inutiles, et c'est la manière dont les choses tournent qui décide de ce qu'on dit ou de ce qu'on fait.* Cette remarque de Marianne et tant d'autres du roman du même nom sont des éclaircissements sur la pensée de Marivaux lorsqu'il rédigeait *Le Jeu de l'Amour et du Hasard*.

Le texte de la première scène de la comédie éclaire admirablement la psychologie de Silvia au lever du rideau. La jeune fille et sa servante Lisette achèvent une conversation. Bien qu'elle n'y ait pas encore cédé peut-être, Lisette a ressenti les premiers appels de la chair. A l'inverse de Silvia, la beauté d'un homme et sa bonne mine ne sont pas pour elle des agréments superflus. *Vertuchoux ! si je me marie jamais, ce superflu-là sera mon nécessaire*, affirme Lisette dont la pensée n'est pas très chaste pour parler ainsi. Silvia, qui ne *s'ennuie pas d'être fille*, ne voit dans un mari qu'un compagnon, souvent désagréable. Si sa sensualité était éveillée ou impatiente, la jeune bourgeoise songerait, ainsi que le lui répond sa servante : *Un mari, c'est un mari ; vous ne deviez pas finir par ce mot-là, il me raccommode avec tout le reste.* Silvia n'ayant pas été troublée par un homme jusqu'alors, combien plus redoutable est pour sa vertu la présence de Dorante ! N'est-on pas beaucoup plus vulnérable lorsqu'on n'a jamais été tenté et qu'on l'est soudain ? Le hasard a permis que Dorante soit, à ce qu'on dit, tellement séduisant *qu'il est heureux qu'un amant* de cette espèce-là veuille se marier dans les formes ; il n'y a presque point de fille, s'il lui faisait la cour, qui ne fût en danger de l'épouser sans cérémonie. Ce danger, Silvia l'a frôlé au deuxième acte. Elle le reconnaît elle-même. Une fois qu'elle a appris que Dorante avait revêtu la livrée d'un domestique, Silvia n'avoue-t-elle pas qu'elle n'a plus à se *rassurer toujours sur l'innocence de ses intentions* ? N'avoue-t-elle pas encore : *Allons, j'avais grand besoin que ce fût là Dorante*? Si le domestique n'avait pas été Dorante, Silvia l'aurait sans doute épousé sans cérémonie. Le hasard du travestissement du jeune homme l'a sauvée de ce danger, après l'y avoir exposée.

*Le Jeu de l'Amour et du Hasard* est une comédie écrite avec des paroles chastes exprimant des impulsions ou des tentations qui ne le sont guère. Pour comprendre Silvia, il ne faut pas oublier les analyses que Marianne fait d'elle-même lorsqu'elle est courtisée par un homme ou un garçon. Pour justifier le troisième acte de la comédie, il est nécessaire de considérer la réplique « Allons, j'avais grand besoin que ce fût là Dorante », comme l'aveu d'une jeune fille à qui les circonstances ont épargné de succomber à la tentation.

Lors de la création de la pièce, le critique du *Mercure* estimait le troisième acte inutile. Il n'en aurait pas jugé ainsi s'il avait compris que Silvia, étant allée tout au bord de la faute, se propose de remporter sur Dorante une victoire analogue à celle que le jeune homme a moralement remportée sur elle. La jeune bourgeoise sait qu'elle était décidée à devenir la maîtresse du valet, alors elle veut et triompher des préjugés mondains que ne peut manquer d'avoir Dorante, et obtenir que le bourgeois qu'il est consente à épouser la soubrette que, jusqu'au dénouement, elle lui laissera croire qu'elle est.

*Le Jeu de l'Amour et du Hasard* est une surprise de l'amour, non de la tendresse, et c'est l'édulcorer jusqu'à la fadeur, que de n'y voir qu'un duo chaste et distingué au bout duquel Silvia épouse Dorante. Les meilleures comédies de Marivaux sont celles où règne la sensualité ; celles où la sentimentalité domine sont languissantes. Il n'y a pas de débat intérieur pour une femme dont les sens ne sont pas troublés ; en revanche il y en a un, et des plus aigus, lorsque la raison doit lutter contre une tentation charnelle.

Le théâtre d'amour de Marivaux, tel qu'on le conçoit encore de nos jours, paraît chaste parce que la vertu ne succombe pas avant la chute du rideau : aurait-elle été victorieuse si la comédie avait duré un quart d'heure de plus ? A cette question répond l'allégorie en un acte que les Comédiens Français jouèrent le 5 novembre 1731 : *La Réunion des Amours.* Cupidon, le dieu de la sensualité, entreprend de tenter la Vertu qui ne se sauve que par la fuite. Cupidon, riant : *Ah ! ah ! ah ! ah ! la Vertu se laissait apprivoiser, je la tenais déjà par la main, toute Vertu qu'elle est, et si elle me donnait encore un quart d'heure d'audience, je vous la garantirais mal nommée.* (Scène XIII.) Puisque la vertu d'une déesse est si fragile, celle des humbles mortelles ne l'est-elle pas davantage lorsque Cupidon les attaque ? Qui peut résister longtemps à ce petit dieu espiègle ? Il est *un étourdi, un sans-souci, plus vif que délicat ; il met toute sa noblesse à tout prendre et à ne rien laisser... il a pour père et pour mère des parents joyeux qui l'ont fait sans cérémonie dans le sein de la joie.* Cupidon, étant le fils adultérin de Vénus, est donc né d'une union sans cérémonie ; et voilà clairement indiqué ce que sont des épousailles sans cérémonie dont il est souvent question dans les comédies de Marivaux. La suite de la profession de foi à laquelle Cupidon se livre est plus instructive encore : *Vous dites que je suis le dieu du vice. Cela n'est pas vrai ; je donne l'amour, voilà tout ; le reste vient du cœur des hommes. Les uns y perdent, les autres y gagnent ; je ne m'en embarrasse pas. J'allume le feu ; c'est à la raison de le conduire, et je m'en tiens à mon métier de distributeur de flammes au profit de l'univers.* (Scène X.) J'allume le feu, c'est à la raison de le conduire, voilà le leitmotiv qui apparaît dans tous les chefs-d'œuvre de Marivaux.

Jusqu'à *La Réunion des Amours,* les comédies célèbres se sont bornées à étudier la naissance de l'amour, — *sentiment naturel dont il faut régler les vivacités,* écrit Marivaux, — mais il n'y a pas encore de pièces où s'effectue la réunion des amours, c'est-à-dire où se conjoignent enfin la sensualité et la tendresse. Après quelques comédies plus ou moins bienvenues, l'heure d'un nouveau chef-d'œuvre a sonné. Ce n'est point cette fois la naissance de l'amour qui devient le thème principal, c'est la naissance de la tendresse à la suite de toutes les objections que la raison d'une jeune bourgeoise oppose à une tentation amoureuse, c'est aussi la naissance de la tendresse dans le cœur d'un garçon qui n'était venu que pour séduire. La comédie est d'une qualité si rare, si délicate, si subtile, qu'à la création le jeu des acteurs italiens ne permit pas au public de l'apprécier à sa juste valeur. L'accueil fut très réservé. Un peu plus d'un demi-siècle devait être nécessaire avant que l'on s'aperçût que *Les fausses Confidences* étaient un des joyaux du théâtre français. Connaît-on même, à notre époque, tous les chatoiements de cette pierre précieuse ?

Le sujet de la comédie que l'on joue en lui donnant pour titre *Les fausses Confidences*, tient en quelques mots : Araminte engage Dorante comme intendant, sans savoir qu'il l'aime ; elle l'apprend, et, grâce aux manœuvres d'un valet, s'éprend de lui et enfin l'épouse malgré les remontrances de son entourage. Ce résumé n'est point celui des *Fausses Confidences*, il se rapporte à une comédie qui n'est point celle écrite par Marivaux. Le sujet de celle-ci tient aussi en quelques mots : Araminte est une veuve qui, ayant remarqué Dorante, l'engage comme intendant, sans savoir qu'il l'aime ; elle l'apprend et, grâce aux manœuvres d'un valet, se met à le chérir, et enfin l'épouse malgré les remontrances de son entourage. Ainsi, pour dénaturer et fausser la pièce, il suffit d'omettre la viduité d'Araminte et la signification de l'unique coup d'œil qu'elle jette sur Dorante avant de lui parler. Si Marivaux ressuscitait, il protesterait contre cette double omission. Il a pris soin d'indiquer, par quelques répliques, les premières réactions d'Araminte. *Marton, quel est donc cet homme qui vient de me saluer si gracieusement, et qui passe sur la terrasse ? Est-ce à vous qu'il en veut ? — Non, Madame, c'est à vous-même. — Eh bien, qu'on le fasse venir, pourquoi s'en va-t-il ?* La beauté frappe d'abord, le reste émeut et nous attire, écrivait Marivaux naguère. La beauté de Dorante a frappé Araminte au point qu'elle aurait conçu quelque humeur si le séduisant garçon en avait voulu à Marton. De plus, la vivacité avec laquelle la jeune femme demande que

au 3.me Ce samedy 16 Mars 1737 a        770
pr  La fausse confidence et les mascarades
              amoureuses

        frais ordre _____      200
        premieres _____        2  10
        mense a l'allemand           10
        un homme a l'aunau           1
        Melle Gournie _____    1  10
                                    ─────────
                                    205  10

5)    Cheatres _____          582
70    Secondes _____          210
20    3emes _____             40
33)   parterres _____         337
      Suplement _____         6
                                    ─────────
                                    1175

      frais _____             205  10
                                    256  5
      partage a 14 ── 36 l t        504
      5eme _____              77   18  4
                                    ──────────
                                    1043  13  4

                 vente a la masse   131  6  8
                 du d jour          3178  3  4
                 du jour            3046  16  8

Melles
  Silvia
  Lalande
  Catine
  Belmont
  Babet

Mrs Romagnesi
   mario
   Chomassin
   desGayes
   Nicotti
   Vincene

DAZINCOURT dans le rôle de Dubois, « *pourvoyeur des plaisirs de son maître* ».

l'on fasse venir Dorante, révèle le soudain désir qu'elle a de le voir de près et d'entendre sa voix. Une jeune fille serait plus timide. Araminte a cédé à l'impulsion qu'éprouve toute femme dont le cœur est libre devant un bel homme, car elle songe au plaisir qu'elle pourrait trouver dans ses bras. Une veuve est renseignée sur l'intensité de cette satisfaction sensuelle, une jeune fille l'imagine, elle n'en a pas l'expérience. Tentée à première vue, la raisonnable Araminte objecte bientôt : *Mais, Marton, il a si bonne mine pour un intendant, que je me fais quelque scrupule de le prendre ; n'en dira-t-on rien ?* Si la vue de Dorante n'avait pas éveillé la sensualité d'Araminte, l'aimable femme l'aurait engagé sans scrupule comme intendant et elle n'aurait pas soupçonné autrui de médire à ce sujet. Elle a donc tressailli et elle l'avoue ; elle n'aurait jamais pensé qu'on pût l'accuser d'avoir pris Dorante à son service afin d'en faire son amant, si elle n'avait pas été effleurée par le désir de lui appartenir. Contre cette toquade, tellement naturelle puisque éprouvée par une veuve, la raison d'Araminte voudrait s'insurger, mais l'attitude de Dorante, les confidences que la jeune femme reçoit d'un valet donnent naissance à un sentiment d'estime d'abord, de tendresse ensuite et la réunion des amours est complète au dénouement tant pour Araminte que pour Dorante.

Avant d'approcher Araminte, le beau garçon la désirait, jusqu'à en perdre la tête. Aucune ardeur sentimentale

Le cardinal DUBOIS, précepteur puis ministre du Régent. *(Litho de Delpech)*.

n'alimentait cette passion causée uniquement par les charmes physiques de la jolie veuve. Dorante est-il venu pour l'épouser, ainsi qu'il le dit sans grande conviction, ou bien est-il venu dans l'intention de l'épouser sans cérémonie ? Dans le premier cas sa conduite, pourtant concertée, est maladroite car il est moins difficile d'obtenir la main d'une femme lorsque, aux yeux du monde, on est simplement un jeune homme pauvre, que lorsqu'on fait partie de son personnel domestique. Dans le second cas la présence de Dorante auprès d'Araminte est habile parce qu'il est difficile à une femme de résister longtemps à une tentation quotidienne. Le valet, qui mène l'intrigue, ne dément pas que Dorante eut d'abord l'intention de profiter seulement d'une faiblesse d'Araminte, si l'occasion s'en présentait, ni que c'est lui, Dubois, qui pour rétablir la fortune de son ancien maître, s'est proposé de se faire l'artisan non d'une liaison mais d'un mariage légitime. Dorante doute du succès de cette audacieuse entreprise : *Tu crois qu'elle fera attention à moi, que je l'épouserai... — ... Si vous lui plaisez, elle en sera si honteuse, elle se débattra tant, elle deviendra si faible, qu'elle ne pourra se soutenir qu'en épousant, vous m'en direz des nouvelles... Je connais l'humeur de ma maîtresse ; ... on vous aimera, toute raisonnable qu'on est ; on vous épousera, toute fière qu'on est... Fierté, raison, richesse, il faudra que tout se rende. Quand l'amour parle, il est le maître ; et il parlera.*

115

Dorante n'est pas très scrupuleux lorsqu'il s'agit d'arriver à ses fins. Il accepte de feindre une inclination pour une servante, de badiner avec l'amour d'une Marton, pour conquérir la jeune veuve plus facilement. Il se conduit en cela presque comme un petit maître, qui ne sera pas corrigé, parce que, par la suite, sa passion pour Araminte s'enjolivera de la tendresse dont elle était dépourvue au début de la comédie.

C'est bien ainsi que Marivaux a posé ses personnages et maintes répliques le confirment au cours de la pièce. Renseignée par Dubois sur la passion de Dorante, Araminte se demande jusqu'au dénouement ce que le jeune homme attend d'elle. Elle n'a pas pu démêler s'il aspirait à des étreintes clandestines ou à une union légitime. Elle voudrait savoir : *Comment faire ? Si, lorsqu'il me parle, il me mettait en droit de me plaindre de lui ; mais il ne lui échappe rien ; je ne sais de son amour que ce qu'on m'en dit ; il est vrai qu'il me fâcherait, s'il parlait, mais il serait à propos qu'il me fâchât.* (Acte II, scène XII.) Une femme ne se fâche point d'être aimée avec respect, elle ne peut plus être irritée quand elle suppose qu'elle est aimée avec tendresse ; lorsque Dorante avoue son amour : *Dorante, je ne me fâcherai point, votre égarement me fait pitié ; revenez-en, je vous le pardonne.* (Acte II, scène XV.) L'indulgence d'Araminte est la conséquence de la tendresse dont Dorante vient de montrer qu'il est capable et aussi du fait qu'étant follement amoureux, il sait rester maître de lui. Marivaux a fait dire à une autre femme : *Si nous voyons quelque amant arrêter la violence de son amour, nous regardons cet effort comme celui d'une grande âme qui, livrée à une passion à qui tout cède, se réserve encore des droits sur elle, et sauve à force de vertu, pour ainsi dire, une partie d'elle-même d'un esclavage absolu où tombent ordinairement les autres. (Les Aventures de* ✦✦✦, 1713).

La tendresse et la maîtrise de soi qu'Araminte accorde à Dorante rendent cette sensible femme encore plus éprise, elles *l'apprivoisent pour l'amour ; c'est un circuit que le diable lui fait faire, et qui la mène, sans qu'elle s'en doute, où elle est attendue.* Marivaux n'a-t-il pas songé à ce passage de son *Indigent Philosophe* en écrivant *Les fausses Confidences ?* Le circuit que parcourt Araminte devient plus troublant encore pour elle au troisième acte. Elle aborde avec crainte le dernier entretien qu'elle accepte d'avoir avec Dorante ; sa raison vacille devant la décision de se séparer de lui. Elle est désirée, chérie ; elle-même n'a-t-elle pas été tentée avant d'aimer ? Aussi lorsque Dorante propose de ne rendre que le lendemain ses comptes d'intendant : *Demain dites-vous ? Comment vous garder jusque-là, après ce qui est arrivé ?* Douterait-elle du respect de Dorante, et l'homme aurait-il fondé quelque espérance sur ce sursis de vingt-quatre heures ? Combien Araminte se sent fragile ! Garder Dorante sous le même toit qu'elle, est un danger qu'elle n'ose courir ? L'amoureux loge dans un appartement dont la porte s'ouvre sur la pièce où ils se trouvent ! *Il n'y a pas moyen, Dorante, il faut se quitter. On sait que vous m'aimez et l'on croirait que je n'en suis pas fâchée... Allez, Dorante, chacun a ses chagrins.* Oui, le chagrin d'Araminte est de renoncer à l'homme qu'elle chérit tendrement à présent, mais qui l'avait tentée au premier regard jeté sur lui, et qui la trouble maintenant avec plus d'intensité. Elle dissimule, sous une ironie légère, son agitation intérieure ; elle fait appel à la raison de Dorante parce que la sienne faiblit, et elle avoue enfin qu'elle aime. De cet aveu, Dorante va-t-il essayer de tirer avantage ? Elle le croit, elle le redoute. La ponctuation d'une réplique est le seul moyen dont Marivaux s'est servi pour indiquer les mouvements intérieurs d'Araminte. A Dorante qui exulte de se savoir aimé, mais qui dit ne pas le mériter, elle répond, étonnée : *Comment ! Que voulez-vous dire ?* Le point d'exclamation est là pour signifier : vous oseriez me prendre pour maîtresse ! Mais aussitôt Araminte réfléchit. Elle a prêté cette intention à Dorante parce qu'elle a songé au don d'elle-même depuis le début de la comédie ; est-elle en droit de soupçonner d'un pareil dessein l'homme dont l'attitude envers elle a été respectueuse en fait ! Elle interroge, elle veut savoir. *Que voulez-vous dire ?* Dorante a tout deviné des pensées secrètes de la jeune femme et il va répondre exactement ce qu'il faut, puisque c'est Marivaux qui le lui souffle. *Dans tout ce qui se passe ici il n'y a de vrai que ma passion... Tous les incidents qui sont arrivés partent de l'industrie d'un domestique qui savait mon amour... J'aime encore mieux regretter votre tendresse que de la devoir à l'artifice qui me l'a acquise...*

Passion d'abord, amour ensuite, tendresse pour finir ! Araminte, fille de Marivaux, connaît la valeur de ces mots, et elle répond : ... *puisque vous m'aimez véritablement*... Réunion des amours ! L'amoureuse et tendre Araminte peut épouser un Dorante qui l'aime véritablement.

Ces remarques sommaires ont essayé de montrer une partie des intimes et vraies confidences que fait tacitement Araminte dans *Les fausses Confidences*.

Le rideau tombe, il est tombé sur ces différentes surprises de l'amour ; et pourtant, n'y a-t-il pas lieu d'y réfléchir encore ? Il est en effet curieux que les trois jeunes veuves se soient éprises respectivement de trois hommes d'un tempérament opposé au leur. La froide Comtesse cède au sensuel Lélio, l'exaltée et ardente Marquise s'éprend du timide et sentimental Chevalier, la raisonnable et normale Araminte épouse un Dorante un peu fol et que la tendresse assagit. Les veuves des « *Surprises de l'Amour* », ne concevaient pas qu'elles pussent aimer de nouveau, elles se croyaient immunisées, — l'une par le méchant souvenir qu'une malencontreuse expérience conjugale lui avait laissé, l'autre, au contraire, parce qu'elle n'admettait pas la possibilité de voir se renouveler le miracle des éblouissantes semaines qu'elle avait vécues. Araminte n'est point aussi excessive. Avant de rencontrer Dorante, elle songeait à se remarier, mais elle voulait entourer cette union nouvelle des garanties de la raison. Les deux premières veuves redoutaient une déception que la troisième ne craignait point. Or, ce sont là les trois seuls états d'âme possibles pour des femmes ayant fait l'expérience de l'acte conjugal. Pour l'une il avait été un cauchemar, pour la seconde une révélation, pour la troisième une satisfaction raisonnable. Ainsi que leurs partenaires, toutes les trois ont constaté *qu'il y a des instants où la passion fournit aux humains des vues subites, auxquelles il est impossible qu'ils résistent fussent-elles étourdies, et qui doivent l'emporter sur tout ce qu'ils avaient auparavant résolu de faire et qu'ils avaient cru le plus sage... La passion est souvent meilleure ménagère de ses intérêts qu'on ne pense, et la raison même dans de grands besoins la secourt de tout ce que ses lumières ont de plus sûr ; car l'homme est fait de telle sorte, que tout ce qu'il a lui sert, et vient à lui quand il le faut.* (Spectateur français.)

La troupe Italienne par Watteau.

Combien d'amours sont nées, combien de couples se sont formés dans ce théâtre de Marivaux ! Qu'adviendra-t-il d'eux ? Le cœur humain est inconstant, celui des femmes autant que celui des hommes ; le mariage ne met pas à l'abri des surprises d'un autre amour. Certains couples vieillissent en s'aimant toujours, d'autres se lassent ; un Arlequin ou un Lubin tromperont des Lisettes, et une Comtesse ou une Marquise distingueront un autre Lélio ou un autre Chevalier. Elles avoueront peut-être : *Je n'ai point appris à mieux dire que j'aime, j'ai seulement appris à le dire un peu moins.* Quelque Dorante ou quelque Rosimond *seront ravis d'épouser l'une et de plaire à l'autre, et on sent fort bien deux plaisirs à la fois,* ainsi que le déclare le Jacob du *Paysan parvenu.* Les hommes sont volages et les femmes sont légères, mais n'est-ce point un peu la faute de ces dernières si l'amour est devenu du libertinage ? *C'est des femmes que l'amour reçoit ses mœurs ; il devient ce qu'elles le font.* L'infidélité est fréquente, celui qui en est victime souffre un peu, et puis le chagrin s'apaise. Plaisir d'amour et peine de cœur se succèdent. On a aimé, on cesse d'aimer sans trop savoir pourquoi ; rien n'étant plus rapide que le mouvement qui nous entraîne. *Que devient-on quand on cesse d'aimer ? car on n'aime pas toujours : hélas, le repentir nous prend où l'amour nous laisse.* Bien vite cependant, l'amant trahi s'aperçoit que *l'amour lui-même est le remède de l'amour* (*L'Amour et la Vérité*), et le suicide ou le drame passionnels sont heureusement des exceptions. *Que deviendraient les amants si l'inconstance de l'un était un arrêt de mort contre l'autre ? Les hommes et les femmes tomberaient autour de nous par pelotons ; on ne pourrait compter sur la vie de personne, et il ne resterait plus sur la terre que quelques gens qui, par cas fortuit, se seraient mutuellement porté un coup fourré d'inconstance... La nature ne donne pas à l'amour un si grand crédit sur les cœurs ; le pouvoir qu'elle lui laisse va tout à l'avantage du genre humain, et, loin d'être homicide, il n'est dangereux que par le contraire. On pleure l'inconstance de son amant ou de sa maîtresse, on en soupire, voilà le plus grand inconvénient d'un amour trahi... Les amants abandonnés en sont quittes pour quelque chagrin que le moindre amusement écarte et*

Dessin de Watteau

*qui s'aperçoit seulement dans ceux qui ne veulent pas se
contraindre. Je ne sais même si le plus grand nombre n'en
est pas quitte à moins.*

Les amours que Marivaux fait naître sur la scène n'auront pas une fin mouvementée, s'ils doivent se faner ; en tout cas leur étiolement ne donnera pas naissance à une comédie, pas plus que l'adultère d'ailleurs. Après *Les fausses Confidences*, Marivaux n'écrit presque plus pour le théâtre ; en vingt ans il ne produit que sept ou huit comédies en un acte, parmi lesquelles se trouve *La Femme fidèle,* dont on ne possède que des fragments.

JEANNE GAUSSIN
qui joua
*La Femme fidèle*
à Berny, chez le
Comte de Clermont.

C'est la seule pièce où une épouse est en scène, une épouse dont la constance rappelle un peu trop celle de Pénélope.

Quelques critiques ont reproché à Marivaux l'uniformité de ses surprises de l'amour. Elles sont pourtant bien différentes. Dans une œuvre de jeunesse, *Cinq lettres contenant une aventure*, se trouve cette phrase : *On n'a pas tant besoin de savoir changer de penchant que de savoir changer sa façon d'en prendre.* Marivaux a mis en scène des hommes et des femmes que surprend l'amour, mais pour chacun d'eux il a changé la façon dont le penchant, sensuel ou tendre, se développe et se satisfait. *L'amour aime à se jouer des cœurs qu'il choisit pour objets de ses coups.* Une phrase peut définir tout ce charmant théâtre : il est le jeu du désir et de la tendresse selon le hasard des rencontres.

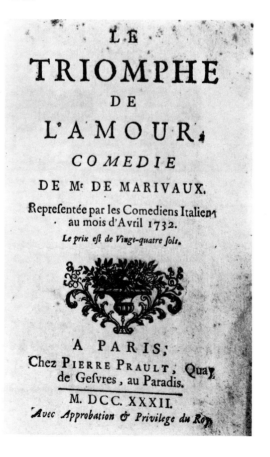

LE
TRIOMPHE
DE
L'AMOUR,
COMEDIE
DE Mᵉ DE MARIVAUX.

Representée par les Comediens Italiens
au mois d'Avril 1732.
*Le prix est de Vingt-quatre sols.*

A PARIS,
Chez PIERRE PRAULT, Quay
de Gesvres, au Paradis.
M. DCC. XXXII.
*Avec Approbation & Privilege du Roy.*

# LA VIE

## DE

# MARIANNE,

## OU

# LES AVENTURES

### DE MADAME

# LA COMTESSE DE***

## PREMIERE PARTIE.

Avant que de donner cette Hiſtoire au Public, il faut lui apprendre comment je l'ai trouvée.

Il y a ſix mois que j'achetai une Maiſon de campagne à quelques lieues de Rennes, qui depuis trente ans a paſſé ſucceſſivement entre les mains de cinq ou ſix perſonnes. J'ai voulu faire changer quelque choſe à la diſpoſition du premier appartement, & dans une armoire pratiquée dans

# Marivaux et ses idées morales, religieuses et sociales

M. Émile Henriot écrivait en 1934 : « On ferait un joli recueil de maximes justes et d'observations délicates avec tous les traits adventices dont Marivaux, sous le couvert de Marianne, a rompu le mouvement de son roman. » Le recueil serait charmant, mais ne montrerait que des fragments de la pensée de Marivaux ; il deviendrait précieux et utile si l'on ajoutait aux extraits de *Marianne* les réflexions et les remarques judicieuses qu'il a semées dans ses autres ouvrages. Marivaux est un philosophe plein de bonhomie et de finesse. Il observe les hommes et il leur reproche de n'être pas sincères alors que lui l'est tellement. Faut-il les blâmer de ce manque de sincérité ? Pas toujours. *Il y a des occasions où il ne faut pas dire la vérité*, et de plus *le mensonge et la flatterie ont si grand crédit parmi les hommes, qu'on est perdu dès qu'on se pique d'honorer la vérité.* Dissimuler ou mentir est moins facile qu'on ne croit : *Qui n'ose dire la vérité, ne la nie pas non plus avec cette assurance que l'on a quand on dit vrai... Celui qui ment ne dit jamais la parole qu'il faut et c'est comme s'il ne sonnait mot.* Le menteur finit par ne plus se rendre compte de son travers. Parfois, et surtout en amour, *on tâche de se tromper soi-même afin de tromper autrui sans scrupule.* Dupes souvent de nous-mêmes *nous ne voyons plus les objets comme ils sont, ils deviennent ce que nous souhaitons qu'ils soient, ils se moulent sur nos désirs.*

On mérite l'indulgence d'autrui *quand on a un vice de bonne foi au lieu de l'aggraver par une hypocrisie mille fois plus condamnable et qui est le raffinement et la quintessence des vices du cœur.* Il est inutile de se repentir en paroles.

*Quand les regrets que la bouche prononce, ne vont pas jusqu'au cœur, ce n'est pas le sentiment, c'est un reste d'habitude à la vertu qui les dicte. La sotte chose que l'humanité ! Qu'elle est ridicule ! Que de vanité ! Que de duperies ! Que de petitesse ! et tout cela faute de sincérité de part et d'autre. Si les hommes voulaient parler, si l'on n'était pas applaudi quand on s'en fait accroire, insensiblement l'amour-propre se rebuterait d'être impertinent, et chacun n'oserait plus s'évaluer que ce qu'il vaut.*

La franchise envers soi et les autres est une vertu qui a été chère à Marivaux ; pendant toute sa vie il en a été l'apôtre et la preuve en est donnée par ces quelques citations, glanées entre tant d'autres parmi toutes ses œuvres. Il prônait aussi la modestie et blâmait *ceux qui moralisent d'une manière si sublime, que ce qu'ils disent est fait seulement pour être admiré... Les gens d'esprit gâtent tout... ils font de la vertu une précieuse qui est toujours en peine de savoir comment elle fera pour se guider bien haut, pour se distinguer.* Malgré ces lignes désabusées, pourquoi ne pas poser à Marivaux les grandes questions d'ordre spirituel ?

L'existence de l'âme, l'attente de la vie future, font partie de ses croyances, et il rétorque aux incrédules qui ne sont pas *tout à fait de l'humeur de ces gens qui croient tout sans savoir pourquoi : Fort bien, mais j'ai un petit mot à vous répondre. Ces gens-là, dites-vous, croient tout sans savoir pourquoi ; et vous, savez-vous mieux pourquoi vous ne croyez pas ?* L'inquiétude humaine est pour Marivaux une preuve qu'un au-delà nous est réservé. *Qu'est-ce que mourir ? Et quelle aventure nous attend ?* Problème insoluble ! Mais *l'envie que nous avons de nous connaître n'est sans doute qu'un avertissement que nous nous connaîtrons un jour et que nous n'avons rien à faire ici, qu'à tâcher de nous rendre avantageux les mystères de notre existence. L'impossibilité de les comprendre ne les détruit point, et n'empêche pas les conséquences ; de la manière dont nous les ignorons, il nous est aussi peu possible de les nier que de les comprendre ; et ne pouvoir les nier c'est en connaître ce qu'il nous faut, pour en craindre le dénouement et pour prendre garde à nous.* N'y a-t-il pas dans ces lignes, d'où pourtant l'idée de risque est absente, comme un écho du pari de Pascal ?

L'avenir, la durée de notre planète sont des sujets sur lesquels Marivaux a médité : *Non, Messieurs, la nature* n'est pas sur son déclin : du moins ne ressemblons-nous guère à des vieillards ; la force de nos passions, de nos folies, et la médiocrité de nos connaissances, malgré les progrès qu'elles ont faits, devraient nous faire soupçonner que cette nature est encore bien jeune en nous. Quoi qu'il en soit, nous ne savons pas l'âge qu'elle a ; peut-être n'en a-t-elle point ?... De même qu'on n'a pas encore trouvé toutes les formes dont la matière est susceptible, l'âme humaine n'a pas encore montré tout ce qu'elle peut être ; toutes les façons de penser et de sentir ne sont pas épuisées. (Le Miroir.) Marivaux, ami de Fontenelle, avait réfléchi sur de vastes sujets ; ami de La Motte, il ne perdait aucune occasion de plaider la cause des Modernes.

Très chrétien, moins peut-être dans la pratique qu'en esprit, Marivaux reproche à Montesquieu de s'être montré spirituel à peu de frais à cause que, dans Les Lettres persanes, il a traité les questions religieuses avec une liberté frondeuse. Dans tout cela, je ne vois qu'un homme d'esprit qui badine, mais qui ne songe pas assez qu'en se jouant il engage un peu trop la gravité respectable de ces matières ; il faut là-dessus ménager l'esprit de l'homme, qui tient faiblement à ses devoirs, et ne les croit presque plus nécessaires dès qu'on les lui présente d'une façon peu sérieuse.

Les tièdes, les impies, les faux-dévots, irritent l'indulgent Marivaux. Une infinité de gens dans le monde, qui n'ont jamais songé à révoquer la religion en doute, qui frémiraient de le voir faire, contents de s'appeler chrétiens, vivent avec ce nom-là, qu'ils professent aussi tranquilles que s'ils professaient la chose...

... Douter de la vérité de sa religion ? L'esprit pourrait-il s'égarer jusque-là ? Est-il perversité de cœur qui puisse entraîner tant de bêtise ?... Et s'il y a même des impies, qu'ils fassent les incrédules là-dessus tant qu'ils voudront, mais qu'ils ne se flattent pas de l'être, car ils se trompent, et confondent les choses. Qu'ils s'examinent bien sérieusement... Ils ne trouveront en eux qu'un profond oubli de Dieu, qu'un violent dégoût pour tout ce qui peut les gêner dans leur libertinage et qu'une malheureuse habitude de vivre à cet égard-là sans réflexion. C'est tout cela qu'ils prennent pour de l'incrédulité ; il ne peut pas y en avoir d'autre. Quand on n'aime pas ses devoirs, en sentant qu'ils sont incommodes, on croit qu'ils sont inutiles. Voilà la méprise

*funeste qu'un cœur corrompu fait faire à l'esprit : voilà
ce qui fournit aux libertins toute leur philosophie.*

En matière de foi le raisonnement est stérile. *Ne cherchez point à convaincre les hommes ; ne raisonnez que pour
leur cœur... Tout est ténèbres pour l'homme, en tant que
curieux ; tout est fermé pour lui parce que l'orgueilleuse envie
de savoir fut son premier péché. Mais le mal n'est pas sans
remède ; l'esprit peut encore se réconcilier avec Dieu par
le moyen du cœur. C'est en aimant que notre âme rentre
dans le besoin de connaître.*

*On ne devient fermement incrédule que quand on est né
avec le malheureux courage de l'être.*

Parmi ceux qui font profession d'athéisme se trouvent
des ignorants prétentieux dont *le système, qui est leur
créance, est un composé de lieux communs, de bribes d'opi-
nions, apparemment retenues de la conversation de quelques esprits qui se donnent pour des esprits forts... Rien ne
peut mieux établir la religion, rien ne sert tant à la foi,
que de faire prêcher à un docteur de cette espèce-là son
incrédulité même ; peut-être l'incrédulité des plus forts
esprits serait-elle encore plus efficace ; ce qui est sûr, c'est
qu'elle ne nuirait pas.*

Les doctrines et l'état d'esprit des futurs encyclopédistes sont combattus par Marivaux, et c'est sans doute
à cette prise de position très nette qu'il doit une bonne
part de l'hostilité sournoise des écrivains qui, plus tard,
furent les collaborateurs ou les amis de Diderot. Ayant
contre lui les libres penseurs, n'a-t-il pas eu aussi les
faux-dévots ? *Les dévots fâchent le monde, les gens pieux
l'édifient ; les premiers n'ont que les lèvres de dévotes, c'est
le cœur qui l'est dans les autres ; les dévots vont à l'église
simplement pour y aller, pour avoir le plaisir de s'y retrouver,
et les pieux pour y prier Dieu ; ces derniers ont de l'humilité,
les dévots n'en veulent que dans les autres. Les uns sont de
vrais serviteurs de Dieu, les autres n'en ont que la contenance.
Faire oraison pour se dire : « Je le fais » ; porter à l'église des
livres de dévotions pour les manier, les ouvrir et les lire ;
se retirer dans un coin, s'y tapir pour y jouir superbement
d'une posture de méditatif ; s'exciter à des transports pieux,
afin de croire qu'on a une âme bien distinguée si on en attrape ;
en sentir, en effet, quelques-uns que l'ardente vanité d'en avoir
fait naître, et que le diable, qui ne les laisse manquer de rien
pour les tromper, leur donne ; revenir de là tout gonflé de res-*

pect pour soi-même, et d'une orgueilleuse pitié pour les âmes ordinaires, s'imaginer ensuite qu'on a acquis le droit de se
délasser de ses saints exercices par mille petites mollesses
qui soutiennent une santé délicate ; tels sont ceux que j'appelle
des dévots, de la dévotion desquels le malin esprit a tout le
profit comme on le voit bien. A l'égard des personnes pieuses,
elles sont aimables pour les méchants mêmes, qui s'en accommo-
dent bien mieux que de leurs pareils : car le plus grand ennemi
du méchant c'est celui qui lui ressemble. Voilà, je pense, de
quoi mettre mes pensées sur les dévots à l'abri de toute censure.

De tous les défauts humains, l'orgueil est celui que
Marivaux a le plus combattu. Il n'ignore certes pas l'existence des autres ; il fustige le plus sordide de tous,
l'avarice, dans l'un de ses recueils d'anecdotes, et il compose une comédie *Le Legs*, sur *l'odieuse contestation* que
la question d'argent provoque, quand *le vil intérêt d'une
âme mercenaire* balance un sentiment d'amour ; pour

Qu'as tu à me dire ?

Monsr Le Marquis et moi.

Il est vray qu'avec l'esprit tourné
comme il l'a, il est homme à te
punir de l'avoir bien servie.

Dont vôtre justice m'a gratifié

Oui, excedent ; je te dois encore...
M. f. m: vous aimes ; — elle espere bien l'épine
elle verra, qu'on me supprime

Non, non, il n'y a pas d'apparence.
je parlerai pour toi.

la diminution de ses petits profits.

Je n'entens pas ce que cela veut dire.
autrement dit, plus lucratives

Plus lucrative ! c'étoit donc là le
motif de ses refus. Lisette est une
jolie petite personne.

montrer la laideur de l'ingratitude, il écrit une nouvelle
et la fin d'un roman ; mais il prend à parti l'orgueil chaque
fois qu'il en a l'occasion.

*On a bien de la peine à détruire l'orgueil en le combattant.
Que deviendrait-il si on le flattait ? Il serait la source de*

*tous nos maux.* Nous avons une arme, le nôtre, pour combattre celui d'autrui. *Notre orgueil nous met vite au fait de celui des autres, et en général, les finesses de l'orgueil sont toujours si grossières* que nous les dépistons vite. *Nous nous connaissons tous si bien en orgueil, que personne ne saurait nous faire un secret du sien ; c'est, quelquefois même sans y penser, la première chose à quoi l'on regarde en abordant un inconnu.* Lucides quand il s'agit de nos semblables, l'orgueil nous rend aveugles sur nous-mêmes. *On peut nous convaincre que nous avons tort, on ne nous persuadera jamais,* parce que nous ne voulons pas déchoir à nos propres yeux. *On est glorieux avec soi-même, on fait des lâchetés qu'on ne veut pas savoir, et qu'on déguise sous d'autres noms.* Une sotte vanité nous incite à nous surestimer. *Il y a des gens dont l'orgueil est visionnaire et leur surfait tout ce qu'ils font.* Il en est, de plus, qui ont *la grande faiblesse de feindre des vertus qu'ils n'ont pas,* parce que *quand on est glorieux, on n'aime pas à perdre dans l'esprit de personne ; il n'y a point de petit mal pour l'orgueil, point de minutie, rien ne lui est indifférent ;* mais *l'homme qui pousse l'orgueil jusqu'à contrefaire le modeste pour mériter l'estime qu'on donne à la modestie, cet homme est un petit monstre.* En général *les hommes sont plus vains que méchants. Mais je dis mal ; ils sont tous méchants parce qu'ils sont vains.*

Ne confondons pas orgueil et fierté. *L'homme fier a du cœur ; le glorieux n'a que l'orgueil de persuader qu'il en a,* il oublie *que la vaine gloire est toujours ridicule.* Ne définissons pas l'ambition : *un noble orgueil de s'élever. Un orgueil qui est noble ! Donnez-vous comme cela de jolis noms à toutes les sottises, vous autres ?... Quand on dit d'un homme qu'il est ambitieux, on en dit bien du mal.*

Les autres défauts ont en Marivaux un censeur indulgent, et qui va même jusqu'à dire que certains d'entre eux sont utiles, en raison de l'effort à donner pour les combattre. *A quelque chose nos défauts sont bons. On voudrait bien que nous ne les eussions pas, mais on les supporte, et on nous trouve plus aimables de nous en corriger quelquefois, que nous ne le paraîtrions avec les qualités contraires.* On ne parvient guère à purger le cœur humain de tous ses travers ; *là dessus ne pourrait-on dire que le vice est comme l'amant chéri de l'âme ? Elle le regrette en y renonçant,* elle ne le hait jamais. *Où le trop d'une qualité commence, la qualité finit et prend un autre nom.*

N'est-ce point Marivaux qui se cite lui-même lorsque, dans *La seconde Surprise de l'Amour*, Hortensius lit cette phrase : *La raison est d'un prix à qui tout cède ; c'est elle qui fait notre véritable grandeur ; on a nécessairement toutes les vertus avec elle ; enfin le plus respectable de tous les hommes, ce n'est pas le plus puissant, c'est le plus raisonnable.* La réplique du Chevalier correspond exactement à ce que Marivaux pense du bon sens des hommes : *Ma foi, sur ce pied-là, le plus raisonnable de tous les hommes a tout l'air d'être une chimère.* Marianne dit presque la même chose : *Les gens qui pensent bien sont rares... Que veut-on dire de quelqu'un, quand on dit qu'il est en âge de raison ? C'est mal parler : cet âge de raison est bien plutôt l'âge de la folie. Quand cette raison nous est venue, nous l'avons comme un bijou d'une grande beauté que nous regardons souvent, que nous estimons beaucoup, mais que nous ne mettons jamais en œuvre. — Nous sommes des êtres pleins de contradictions. Pendant qu'on peut choisir ce qu'on veut, on n'a envie de rien ; quand on a fait son choix on a envie de tout ; fût-il bon, on s'en lasse. Comment donc faire ! Est-on mal, on veut être bien, cela est naturel. Mais est-on bien, on veut être mieux. Et quand on a ce mieux, est-on content ? Oh ! que non ! Quel remède à cela ? Sauve qui peut. — (Souvent) on croit se déterminer, on croit agir, on croit suivre ses sentiments, ses lumières, et point du tout, il se trouve qu'on n'a qu'un esprit d'emprunt et qu'on ne vit que de la folie de ceux qui s'emparent de votre confiance. — Les hommes, avec toutes leurs façons, ressemblent aux enfants. Ces derniers s'imaginent être à cheval quand ils courent avec un bâton entre les jambes. Il en est de même des hommes ; ils s'imaginent, à cause de certaines belles manières qu'ils ont introduites entre eux pour flatter leur orgueil, ils s'imaginent, dis-je, en être plus considérables et quelque chose de grand ; les voilà à cheval.*

Marivaux a droit à une des premières places parmi les moralistes français, et, jusqu'à présent, on n'a guère songé à la lui donner. Les maximes que contient son œuvre y sont éparses ; mais, rassemblées, elles peignent, mieux que toute glose, le caractère de cet écrivain méditatif et profond, qui a mis en pratique les préceptes moraux qu'il énonçait. Bonté, générosité, reconnaissance, droiture, vertu, plaisir, chagrin, il a touché à tous ces sujets d'une plume si modeste et si légère qu'elle semble badiner alors qu'elle enseigne. En voici quelques exemples, présentés, autant qu'il se peut, selon l'ordre chronologique :

- *Soyons généreux, la compassion est une belle chose.*
- *Il faut avoir le cœur bien dur pour donner du chagrin aux gens sans nécessité.*
- *Les bons cœurs se ressemblent.*
- *Il vaut mieux avoir à se reprocher son indulgence qu'une inflexibilité dont autrui ne profiterait pas et dont les suites seraient encore plus tristes.*
- *Dans ce monde, il faut être un peu trop bon pour l'être assez.*
- *Les âmes excessivement bonnes sont volontiers imprudentes par excès de bonté même, et, d'un autre côté, les âmes prudentes sont rarement assez bonnes.*
- *Il est bien triste de ne pouvoir rien quand on rencontre des personnes dans l'affliction.*
- *Les âmes généreuses ont cela de bon, qu'elles devinent ce qu'il vous faut et vous épargnent la honte d'expliquer vos besoins.*
- *Chez quiconque a de la raison, le prochain affligé n'a que faire de recommandation.*
- *L'usage le plus digne que l'on puisse faire de son bonheur c'est de s'en servir à l'usage des autres.*
- *Qu'est-ce qu'une charité qui n'a point de pudeur avec le misérable et qui, avant que de le soulager, commence par écraser son amour-propre ? La belle chose qu'une vertu qui fait le désespoir de celui sur qui elle tombe ! Est-ce qu'on est charitable à cause qu'on fait des œuvres de charité ?*
- *La gloire de pardonner à ses ennemis vaut bien l'honneur de les haïr toujours, surtout quand les ennemis sont innocents du mal qu'on nous a fait.*
- *Le prix du pardon gâte tout.*
- *Il y a des gens qui ne sont pas dans le goût d'être aimés ; une reconnaissance vive et respectueuse ne les pique point.*
- *Est-il rien de si doux que le sentiment de reconnaissance, quand notre amour-propre n'y répugne point ? On en tirerait des trésors de tendresse.*

- *Les cœurs droits ne connaissent pas la perfidie, il faut en avoir l'usage et les détours pour en soupçonner chez les autres.*

- *Quand on n'a point d'honneur, est-ce qu'il faut avoir de la réputation ?*

- *L'honneur est une marchandise qui ne se vend point ; mais il s'en perd beaucoup.*

- *Qu'on a de la peine à commettre effrontément une perfidie ! Il faut que l'âme se sente bien déshonorée par ce crime-là ; il faut qu'elle ait une furieuse vocation pour être vraie, puisqu'elle surmonte si difficilement la confusion d'être fausse.*

- *Les cœurs véritablement généreux ont leurs sentiments à part ; s'ils ressemblent aux autres dans un premier instant, dont ils ne sont pas les maîtres, bientôt un caractère de vertu qui domine les ramène à cette grandeur de sentiments dont un premier mouvement les avait tirés.*

- *Les âmes communes se livrent à leur penchant en aveugles, elles oublient tout pour le satisfaire.*

- *C'est bien peu de chose que la vertu, quand on ne voit point de risque à la perdre, et qu'on ne craint que la honte de n'en avoir plus.*

- *De grandes qualités dans un homme sont toujours auprès de nous le passeport de ses défauts.*

- *La vertu dédommage de la peine qu'elle coûte.*

- *Otez la peine qu'il y a à être bon et vertueux, nous le serons tous.*

- *La plus étonnante chose du monde, c'est qu'il y ait toujours sur la terre une masse de vertu qui résiste aux affronts qu'elle y souffre et à l'encouragement qu'on y donne à l'iniquité même.*

- *Tout s'use, les beaux sentiments comme autre chose.*

- *La vertu est si douce, si consolante, dans le cœur de ceux qui en ont.*

- *Il n'est point de gens plus extrêmes dans leurs excès que ceux qui l'étaient dans leurs scrupules.*

- *Peines passées, plaisirs passés, tout se confond, tout est égal.*

- *Il n'y a point de plaisir qui ne perde à être connu.*

- *Dans une douleur récente on aime à se persuader qu'elle ne finira jamais.*

- *Rarement le malheur est éternel ; plus il est grand, plus on a lieu de croire qu'il touche à son terme.*

*- On aime tant Dieu quand on a besoin de lui.*

*- La vie ne dure pas ; elle commence toujours. Elle est un rêve perpétuel, à l'instant près dont on jouit et qui devient un rêve à son tour.*

*- Il y a des chagrins violents où l'on s'agite, où l'on s'emporte, où l'on a la force de se désespérer ; il y a pis que cela ; ce sont de ces tristesses retirées au fond de l'âme, qui la flétrissent, et qui la laissent comme morte.*

*- Bien des gens aiment mieux leurs amis dans la douleur que dans la joie ; c'est par compliment qu'ils vous félicitent d'un bien, c'est avec goût qu'ils vous consolent d'un mal.*

*- La prospérité n'achève d'endurcir que les cœurs naturellement durs.*

*- Il faut se redresser pour être grand ; il n'y a qu'à rester comme on est pour être petit.*

*- La Fortune est une vraie chatte, elle égratigne quand elle a caressé.*

Pour l'époque où il vit, les idées sociales de Marivaux sont très avancées. Il partage quelques-unes des vues des penseurs subversifs du XVIIIe siècle, mais il les tempère par la modération de son âme chrétienne et généreuse. Sa compassion le porte vers les humbles, à qui il accorde des qualités que les riches possèdent rarement. Cette tendance ne l'empêche pas de bien connaître le peuple, ainsi que le bourgeois qui, n'étant rien auparavant, commence à vouloir être tout.

*- Le bourgeois est un animal mixte, qui tient du grand seigneur et du peuple. Quand il a de la noblesse dans les manières, il est presque toujours un singe ; quand il a de la petitesse, c'est qu'il est naturel ; en un mot, il est noble par imitation et peuple par caractère.*

*- Inconstant par nature, vertueux ou vicieux par accident, le peuple est un vrai caméléon, qui reçoit toutes les impressions des objets dont il est environné... Il a des fougues de soumission et de respect pour le grand seigneur et des saillies de mépris et d'insolence contre lui... Personne ne caractérise plus éloquemment que le peuple. On lui inspire aisément confiance ; mais quand il la perd, il déshonore... L'âme du peuple est comme une espèce de machine incapable de penser*

*et de sentir par elle-même, mais esclave de tous les objets qui la frappent. — L'admiration du peuple pour une belle chose ne vient pas précisément de ce qu'elle est belle, mais bien des événements, plus ou moins importants, qui font qu'elle est exposée là, et qui la vantent à son imagination.*

Trois comédies ont exposé avec enjouement les principales idées sociales de Marivaux. L'émancipation de la femme est une de celles qui lui tiennent le plus à cœur. Dans son théâtre d'amour, jeunes filles ou veuves manifestent leur esprit d'indépendance ; elles veulent épouser l'homme de leur choix et non celui que leurs parents, au nom des convenances, s'efforcent de leur imposer. Elles ont d'autres ambitions, qui se trouvent énoncées dans *La Colonie*. Quelques phrases, prises dans le texte dit par une femme, posent le postulat de la pièce :

*Nous avons été obligés, grands et petits, nobles, bourgeois et gens du peuple de quitter notre patrie... Nos vaisseaux nous ont portés dans ce pays sauvage... le dessein est formé d'y rester et comme nous y sommes tous arrivés pêle-mêle, que la fortune y est égale entre tous, que personne n'a le droit d'y commander, et que tout y est confusion, il faut des maîtres, il en faut un ou plusieurs, il faut des lois... Ces maîtres ou bien ce maître, de qui le tiendra-t-on ?*

Le suffrage universel en décidera dans cette société qui s'organise et où les femmes réclament et s'octroient le droit de vote. Avec elles les hommes devront partager le pouvoir législatif et exécutif, sinon elles emploieront pour les y contraindre des arguments qui rappellent un peu ceux imaginés par la Lysistrata d'Aristophane ; l'une d'elles affirme :

*Nous voici en place d'avoir justice, et de sortir de l'humilité ridicule qu'on nous a imposée depuis le commencement du monde : plutôt mourir que d'endurer plus longtemps nos affronts... Dans vingt mille ans nous serons encore la nouvelle du jour... Et quand même nous ne réussirions pas, nos petites-filles réussiront.*

Les arrière-petites-filles ont réussi. Les raisonnements que Marivaux prêtait à leurs aïeules, pour appuyer la reconnaissance des droits politiques féminins, ont été employés depuis, à peu de chose près, par de nombreuses suffragettes. Qu'on en juge :

*L'oppression dans laquelle nous vivons sous nos tyrans, pour être si ancienne, n'en est pas devenue plus raisonnable ;*

MME ARNOULD PLESSY ET LAROCHE
dans *Les Fausses Confidences*

LOUISE CONTAT

MLLE MARS

FLEURY

*n'attendons pas que les hommes se corrigent d'eux-mêmes ;
l'insuffisance de leurs lois a beau les punir de les avoir faites
à leur tête et sans nous, rien ne les ramène à la justice qu'ils
nous doivent, ils ont oublié qu'ils nous la refusent... Dans
l'arrangement des affaires, il est décidé que nous n'avons pas
le sens commun, mais tellement décidé que cela va tout seul,
et que nous n'en appelons pas nous-mêmes... On nous crie
dès le berceau : « Vous n'êtes capables de rien, ne vous mêlez
de rien, vous n'êtes bonnes qu'à être sages. » On l'a dit à nos
mères qui l'ont cru, qui nous le répètent ; on a les oreilles
rebattues de ces mauvais propos ; nous sommes douces, la
paresse s'en mêle, on nous mène comme des moutons... Il n'y
a point de nation qui ne se plaigne des défauts de son gouvernement ; d'où viennent-ils, ces défauts ? C'est que notre esprit
manque à la terre dans l'institution de ses lois, c'est qu'on ne
fait rien de la moitié de l'esprit humain que nous avons, et que
les hommes n'emploient jamais que la leur, qui est la plus faible.*

De quelles fonctions les femmes réclament-elles l'exercice ? De toutes ; et Marivaux a été une fois de plus pro-
phétique, ainsi qu'en témoigne le fragment du dialogue
suivant :

*Nous voulons nous mêler de tout, être associées à tout,
exercer avec les hommes tous les emplois, ceux de finance, de
judicature et d'épée. — D'épée, Madame ? — Oui, d'épée,
Monsieur ; sachez que jusqu'ici nous n'avons été poltronnes
que par éducation... Il n'y a que de l'habitude à tout... De
même qu'au Palais à tenir audience, à être Présidente,
Conseillère, Intendante, Capitaine ou Avocate. — Des
femmes avocates ? — Je pense qu'on ne nous disputera pas
le don de la parole ? — Vous n'y songez pas, la gravité de la
magistrature et la décence du barreau ne s'accorderaient
jamais avec un bonnet carré sur une cornette.*

Bonnet carré et cornette se sont associés depuis ce
temps ; les armées contemporaines enrôlent beaucoup
d'auxiliaires féminins ; les parlements siègent parfois sous
la direction d'une présidente ; toutes les revendications
des héroïnes de *La Colonie* n'ont-elles pas obtenu satisfaction dans de nombreux États modernes ? Marivaux
l'avait souhaité, l'avait prévu ; qui s'en avise ? Récemment,
de très doctes controverses ont été engagées à propos de la
féminisation de certains mots et, parmi les autorités
invoquées, nul avocat ou avocate ne s'est référé au texte de
*La Colonie.*

Beaucoup d'autres idées, extrêmement audacieuses, sont lancées au cours de cette comédie sous le couvert d'une boutade, d'une facétie ou de quelque répartie burlesque. Prendre ces propos pour des plaisanteries est une erreur. Dans d'autres œuvres, ces mêmes idées sont émises et développées avec sérieux. L'une d'entre elles est ainsi indiquée par quelques brèves répliques de *La Colonie* :

*Le mariage, tel qu'il a été jusqu'ici, n'est plus aussi qu'une pure servitude que nous abolissons... — Abolir le mariage ! Et que mettra-t-on à la place ? — Rien.*

Plusieurs années avant de vivre avec Mlle de Saint-Jean, Marivaux pensait donc que l'union libre était préférable au mariage traditionnel. La condition essentielle pour que les hommes et les femmes puissent se mettre librement en ménage, est que leurs âmes soient droites et pures, comme celles des habitants d'une île imaginaire, *L'Ile de la Raison*, où se situe l'action d'une autre comédie.

129ᵉ REPRÉSENTATION.

Du Jeudy unzieme Septembre 1727

À la premiere Representation des Petits hommes

| | |
|---|---|
| pour Loger Basses | 96 |
| Une Loger hautes | 20 |
| 237 Billets à 4ᵗᵉ | 948 |
| 175 Billets à 2 | 350 |
| 57 Billets à 1 - 10 | 84 10 |
| 416 Billets à 1 | 416 |
| Total | 1915 10 |
| Quart des Pauvres | 478 17 |
| Reste à la Troupe | 1486 12 |
| Part du Mois. Etablissement, Pensions & Gages | 166ᵗᵗ |

Registre de la Comédie Française pour *L'Ile de la Raison*, qui n'eut que trois représentations.

# ACTEURS.

M^rs Dangeville
Quinault
Dufresne
Du Chemin père
Legrand fils
La Thorillière fils
Armand
Du Mirail
Poisson
Dubreuil

# ACTRICES.

M^lles Quinault
Jouvenot
La Motte
Labatte
Legrand
15

Les indigènes vivent dans cette île selon des usages qui bouleverseraient la structure de la société moderne. Celle-ci est fondée sur le patriarcat parce que l'homme, étant l'instigateur du couple, acquiert de ce fait les prérogatives du chef de famille. Si les rôles s'inversent, si la femme choisit en toute liberté un compagnon, auquel n'est laissée que la possibilité d'un refus, c'est à la femme, fondatrice du foyer, que sera dévolue l'autorité. La société qui résulte de cette coutume est alors fondée sur le matriarcat. Marivaux n'a pas poussé jusqu'à ce bouleversement social les conséquences de l'émancipation totale des femmes de *l'Ile de la Raison*, mais elles se déduisent de la façon dont les couples se forment dans cette île où les femmes font les avances.

Quelles garanties légales aura le foyer ainsi fondé ? Il n'en aura pas d'autres que la bonne foi des deux êtres qui s'y installent. Point de notaire, point de contrat dans cette île imaginée par Marivaux, et un insulaire de dire : *Quand on a de la raison, toutes les conventions sont faites.*

QUINAULT-DUFRESNE,
interprète et ami de Marivaux.

3. **ARMAND**   (François-Armand Huguet, dit).
Né à Richelieu (Touraine), le 1er juin 1699.
Débute le 2 mars 1723.
Sociétaire le 30 octobre 1724.
Mort à Paris, grande rue Taranne, le 26 décembre 1765

L'union libre a remplacé le mariage au pays de la raison, le matriarcat y a force de loi, de même qu'y a cours une morale sexuelle très digne et très humaine. *L'amour est un sentiment naturel et nécessaire, il n'y a que les vivacités qu'il en faut régler.* Une insulaire dit ensuite à l'homme qu'elle a choisi : *N'oubliez pas qu'en nous aimant vous devenez, s'il est possible, encore plus comptable de ma vertu que je ne le suis moi-même.*

De cette comédie, aux idées subversives ou paradoxales, il faut encore détacher ce passage où sont critiquées nos coutumes amoureuses et implicitement proposée la réforme qu'elles nécessitent, — réforme dont l'application entraînerait, de la part des hommes, un plus grand respect de la femme.

*Que deviendra l'amour, si c'est le sexe le moins fort que vous chargez du soin d'en surmonter les fougues ? Quoi ! Vous mettez la séduction du côté des hommes, et la nécessité de la vaincre du côté des femmes ! Et si elles succombent, qu'avez-vous à leur dire ? C'est vous en ce cas qu'il faut déshonorer, et non pas elles. Quelles étranges lois que les vôtres en fait d'amour ! Allez, mes enfants, ce n'est pas la raison, c'est le vice qui les a faites ; il a bien entendu ses intérêts. Dans un pays où l'on a réglé que les femmes résisteraient aux hommes, on a voulu que la vertu n'y servît qu'à ragoûter les passions, et non pas à les soumettre.*

N'est-ce point une société originale, décente, logique et matriarcale qui est instaurée dans cette île de la Raison ? L'union libre qui y est pratiquée exclut toutefois la moindre idée de licence.


Liberté, égalité ! Devant ces deux mots, Marivaux hoche un peu la tête. A l'encontre de son contemporain Montesquieu, l'idéal que ces mots représentent lui paraît illusoire et il préfère proposer de placer la vie humaine sous l'égide d'un troisième terme, plus efficace : la fraternité.

La liberté est un leurre. Bien souvent elle conduit à une anarchie, dont les nations se lassent vite et qui les pousse à réclamer une dictature.

*Il y a des peuples en Europe qui ont aimé la liberté jusqu'à sacrifier tout pour elle ; ils sont devenus furieux, quand on a voulu la leur ôter. Veut-on les assujettir, ce n'est pas*

*par la violence qu'il faut s'y prendre. Rendez-les si libres,*
*laissez-les jouir d'une liberté si outrée qu'ils s'en ennuient et*
*qu'elle les choque eux-mêmes ; ne prenez pas garde à eux,*
*laissez-les faire, ne vous mêlez de rien, oubliez-les. Ils vien-*
*dront vous dire de les mettre aux fers ; ils vous reprocheront*
*votre patience, ils vous donneront un jour plus de pouvoir*
*contre eux que la violence ne vous en donnera en cent ans ;*
*ils voudront un maître parce qu'ils n'en auront point.*

A l'égard de ce maître, de tous les maîtres publics et
surtout privés, Marivaux émet un vœu : *Que le ciel pré-*
*serve de l'orgueil ceux qui sont établis pour commander,*
*eux qui doivent avoir plus de vertus que les autres, parce qu'il*
*n'y a point de justice contre leurs défauts.*

L'égalité ! Il en existe une, la seule vraie, la seule
acceptable, et elle est d'ordre spirituel. *Les âmes ont-elles*
*des parents ? Ne sont-elles pas toutes de condition égale ?*
Que les hommes soient égaux devant les lois, rien n'est
plus juste, encore que trop souvent elles mettent seulement
l'homme opulent à l'abri des entreprises *de celui qui n'a*
*rien et à qui son sort fait envie.* Les privilèges attachés à la
naissance, à la fortune, ne trouvent pas grâce devant Pierre
Carlet de Chamblain de Marivaux qui écrit : *Qu'est-ce*
*que c'est que des noms qui font des gloires ?* Les hommes qui
tiennent à conserver les sottes prérogatives attachées à un
titre ou à une particule, sont comme *un enfant qui pleure*
*sur son hochet.* Une comédie en un acte, *Le Préjugé*
*vaincu*, met en scène une jeune fille très fière de sa noblesse et qui finit par épouser un roturier.

La liberté, l'égalité ! Des peuples s'imaginent jouir
actuellement de l'une et de l'autre, et cette illusion les
aveugle sur la réalité de leurs conditions d'existence.
Qu'ils méditent cette phrase que Marivaux écrivait à
propos des Romains de la décadence :
*A quoi pouvait aboutir un pareil gouvernement, où le*
*citoyen n'était ni sujet, ni libre, où il n'y avait que de lâches*
*esclaves, qui affectaient une liberté qu'ils n'avaient plus, et*
*un Maître hypocrite qui affectait d'observer une égalité*
*dont il ne laissait que la chimère. (Réflexions sur les Romains.)*
Quel est le mode de gouvernement que souhaitait
Marivaux ? On peut admettre qu'il inclinait vers la forme
républicaine, puisque dans *La Colonie* c'est une démocratie
qui est instaurée. Toutefois une sorte de monarque règne
sur l'île de la Raison, mais un monarque dont le fils refuse

en ces termes qu'on le traite de prince : *Je me suis fait expliquer ce que ce mot-là signifie ; ne vous en servez plus. Nous ne connaissons point ce titre-là ici... On a bien de la peine à détruire l'orgueil en le combattant. Que deviendrait-il si on le flattait ? Il serait la source de tous les maux.*

L'organisation idéale de la société humaine ne dépend pas des constitutions ou des lois qui la régissent, mais elle est surtout tributaire d'une vertu que Marivaux place au-dessus de toutes les autres : la fraternité. La glorification de ce sentiment est un thème sur lequel il a brodé souvent et il a donné au théâtre, en 1725, une comédie en un acte, *L'Ile des Esclaves*, dans laquelle il suggère que la solution du problème social deviendrait facile, si les rapports des humains entre eux étaient placés sous le signe de la fraternité. On a tantôt prêté à cette pièce des intentions révolutionnaires, tantôt voulu y voir l'esquisse de l'antagonisme des classes, alors qu'elle ne vise de toute évidence, qu'à montrer la paix sociale assurée lorsque maîtres et serviteurs, supérieurs et inférieurs, riches et pauvres choisissent de s'entr'aider et non plus de se brimer. Une courte analyse de la comédie et quelques citations suffisent pour traduire fidèlement la pensée directrice de l'œuvre.

A la suite d'un naufrage, un seigneur et une femme de qualité, accompagnés de leurs esclaves respectifs, sont jetés sur une île où les esclaves sont tout-puissants et se vengent des maîtres qui les ont maltraités. Les conditions sociales de ceux qui y abordent, s'inversent aussitôt : le seigneur et la grande dame deviennent les domestiques de leurs serviteurs. L'épreuve infligée aux favorisés de ce monde est *un cours d'humanité* et elle prend fin lorsque ceux-ci s'amendent et reconnaissent leurs torts. Les humbles aussi tirent de l'aventure un enseignement humain. Au début leur rancune s'exprime avec aigreur, puis se tempère. L'esclave libéré dit à son maître asservi :

*Tu me traitais comme un pauvre animal, et tu disais que cela était juste parce que tu étais le plus fort. Eh bien ! tu vas trouver ici plus fort que toi ; on va te faire esclave à ton tour ; on te dira aussi que cela est juste, et nous verrons ce que tu penseras de cette justice-là... Quand tu auras souffert tu seras plus raisonnable. Tu sauras mieux ce qu'il est permis de*

MLLE CLAIRON,
Elle avait débuté à
la Comédie italienne
dans une reprise de
*L'Ile des Esclaves*. A
la Comédie française
ensuite, elle joua le
rôle de Laodice dans
*Annibal*, cette pièce
étant reprise en 1747.

*faire souffrir aux autres. Tout irait mieux dans le monde, si
ceux qui te ressemblent recevaient la même leçon que toi.*

Oui, tout irait mieux dans le monde si l'on savait ce
que l'on peut décemment exiger des autres ! Les humbles,
qui ont obtenu une amélioration importante de leur condition, ne seraient pas tentés d'abuser de leur victoire. *Ne
persécute pas les infortunés parce que tu peux les persécuter
impunément... Tu es devenu libre et heureux, cela doit-il
te rendre méchant ?* Cet appel à la pitié ne laisse pas insen-
sible l'esclave affranchi, mais avant de pardonner à son
ancien maître, il lui assène quelques vérités :

*Mes plus grands défauts, c'était ta mauvaise humeur, ton
autorité, et le peu de cas que tu faisais de ton pauvre esclave...
Tu me remontres bien mon devoir ici pour toi, mais tu n'as
jamais su le tien pour moi... Eh bien ! va, je dois avoir le
cœur meilleur que toi, car il y a plus longtemps que je souffre
et que je sais ce que c'est que de la peine... Je ne te ressemble
pas, moi, je n'aurais pas le courage d'être heureux à tes
dépens.*

La servante se montre indulgente elle aussi, mais, au
moment où elle reprend sa place de domestique, elle élève
le ton et le débat :

*Il faut avoir le cœur bon, de la vertu, de la raison ; voilà ce qu'il faut, voilà ce qui est estimable, ce qui distingue, ce qui fait qu'un homme est plus qu'un autre. Entendez-vous, Messieurs les honnêtes gens du monde ? Voilà avec quoi l'on donne les beaux exemples que vous demandez et qui vous passent. Et à qui les demandez-vous ? A de pauvres gens que vous avez toujours offensés, maltraités, accablés, tout riches que vous êtes, et qui ont aujourd'hui pitié de vous, tout pauvres qu'ils sont.*

En somme, avec un demi-siècle d'avance sur Figaro, cette servante demande si, eu égard aux vertus qu'on exige d'un domestique, beaucoup de maîtres seraient dignes d'être valets. Malgré la réprimande, la réconciliation finale s'effectue, serviteurs et patrons ayant compris ce qu'est la fraternité ou la solidarité humaine. Chacun reprend librement son rang social ; les humbles sans trop en souffrir, car ils ont un fond de dévouement pour leurs employeurs et parce que ceux-ci désormais se conduiront plus humainement et *se ressouviendront toujours qu'ils ne méritaient pas d'être des maîtres.* Un insulaire termine la pièce sur ces mots : *Je n'ai rien à ajouter à la leçon que vous donne cette aventure... La différence des conditions n'est qu'une épreuve que les dieux font sur nous ; je ne vous en dis pas davantage.*

Sainte-Beuve a jugé superficiellement cette comédie : « Ce sont les saturnales de l'âge d'or. Cette petite pièce de Marivaux est presque à l'avance une bergerie révolutionnaire de 1792. » Il est difficile de partager cette opinion. En fait, *L'Ile des Esclaves* est une comédie qui essaie de montrer que la lutte des classes perdrait son acuité si chacun traitait son prochain avec humanité. Rien n'est moins révolutionnaire que cette proposition, utopique sans doute, généreuse en tout cas. La paix sociale peut être assurée, pense Marivaux ; les inégalités de condition peuvent être rendues supportables si le riche manifeste une fraternité agissante envers le pauvre, et si les humbles, se satisfaisant d'une vie modeste, surmontent en eux-mêmes l'envie de goûter aux plaisirs de l'opulence... *L'Ile des Esclaves* est une terre où l'on sème et récolte les grains de la fraternité, et Marivaux invite en vain à s'y rendre. Par suite de l'incompréhension dont beaucoup de ses œuvres ont eu à souffrir, lorsque sa comédie entra au répertoire de la Comédie Française, en 1934, ce ne fut pas dans l'île dont il avait rêvé, qu'abordèrent les intentions de ses interprètes, mais à son antipode. La pièce fut jouée en accentuant tous les passages qui permettaient aux esclaves de prendre un ton d'acrimonie vindicative, et l'île de la fraternité devint l'île des reproches véhéments.

Un contresens aussi flagrant est d'autant plus inexcusable que Marivaux a exposé une partie de ses idées sociales dans un chapitre du *Spectateur français* (1723) :

*Il n'est pas défendu d'être mieux que les autres ; la raison même dans beaucoup d'occasions veut que ceux qui sont utiles, qui ont certaines lumières, de certains talents, jouissent d'une fortune un peu distinguée, et quand l'homme heureux n'aurait rien qui méritât ce privilège, il est un être supérieur qui préside sur nous et dont la sagesse permet sans doute cette inégale distribution que l'on voit dans les choses de la vie : c'est même à cause qu'elle est inégale que les hommes ne se rebutent pas les uns les autres, qu'ils se rapprochent, se vont chercher, s'entr'aident. Ainsi, que les heureux de ce monde jouissent en paix de leur abondance et du bénéfice des lois, mais que leur pitié pour l'homme indigent, pour le misérable, aille au devant de la peine qu'il pourrait sentir à observer ces lois ; tout l'embarras est de son côté ; que leur humanité le console du sort qui lui est échu en partage ; qu'elle lui aide à parer les mouvements de sa cupidité toujours affamée, de sa corruption toujours pressante : ce qu'on leur dit là n'est-il pas raisonnable ? Cette inégale distribution de biens dont nous parlions tout à l'heure, lie nécessairement les hommes les uns aux autres, il est vrai, mais le commerce qu'elle forme entre eux n'est-il pas trop dur pour les uns, et trop doux pour les autres, et de cette différence énorme qui se trouve aujourd'hui entre le sort du riche et celui du pauvre, Dieu, qui est juste autant que sage, n'en serait-il pas comptable à sa justice, s'il n'y avait pas quelque chose qui tînt la balance égale, si le bonheur du riche ne le chargeait pas aussi de plus d'obligations ? Ainsi vous, dont ce riche ne soulage pas la misère, prenez patience ; c'est là votre unique tâche à cet égard-là ; vivez comme vous faites à la sueur de votre corps ; continuez ; c'est Dieu qui vous éprouve ; mais vous, homme riche, vous paierez cette fatigue et ces langueurs où vous l'abandonnez ; il y résiste ; vous paierez la peine qu'il lui en coûte ; c'est à vos dépens qu'il prend patience ; c'est à*

*vos dépens qu'il la perd ; vous répondez de ses murmures et de
l'iniquité où il se livre et en périssant il vous condamne.*

A plusieurs reprises, Marivaux a précisé sa pensée sur
la société et l'origine des lois. La lecture de ces brefs
essais fait songer aux théories que Rousseau émettra
plus tard. Il est piquant toutefois de constater que des
fragments de *La Profession de foi du Vicaire savoyard*
et du *Contrat social* reflètent, et plus souvent encore
contredisent, quelques-unes des idées de Marivaux. Celui-
ci les avait-il exposées à son cadet, lorsqu'en 1742 il lui
corrigea une comédie : *Narcisse* ? On lit dans *Le Spectateur français* :

*Nous naissons tous méchants ; mais cette méchanceté nous
ne l'apportons que comme un monstre qu'il nous faut combattre. Nous la connaissons pour monstre, dès que nous nous
assemblons ; nous ne sommes pas plutôt en société que nous
sommes frappés de la nécessité d'observer un certain ordre
qui nous mette à l'abri de nos mauvaises dispositions.
La loi qui nous prescrit d'être juste et vertueux est partout
la même, les hommes ne l'ont pas inventée, ils n'ont fait que
convenir qu'il fallait la suivre, telle que la raison, ou Dieu
même, la leur présentait et la leur présente toujours d'une
manière uniforme. Il n'a pas été nécessaire que les hommes
aient dit : voilà comment il faut être juste et vertueux ;
ils ont dit seulement : soyons justes et vertueux. Cela leur a
suffi, cela s'entend partout, et n'a besoin d'explication dans
aucun pays. En quelque endroit que j'aille, je trouve dans la
conscience de tous les hommes une uniformité de savoir sur
ce chapitre-là qui convient à tout le monde. Si j'ai des besoins
ou des intérêts qui me soient personnels et particuliers, je n'ai
qu'à les dire, et l'on sait tout d'un coup tout ce qu'il faut...*

*... Les hommes prodiguent tout à celui qui a beaucoup,
négligent celui qui a peu, et refusent tout à qui n'a rien.
Caractère de cœur maudit qui ne laisse aucune ressource
honnête aux misérables et qui déshérite les deux tiers des hommes des biens que la nature a faits pour eux. Cependant ces
hommes, tels que vous les voyez, ont fait des lois contre leur
iniquité, des lois justes et saines en elles-mêmes : celui qui les viole
est méchant ; il ne s'est point contenté d'avoir ou de trouver
un nécessaire qui malgré les mauvaises dispositions des choses
ne manque jamais ; il avait un libertinage et des vices qu'il
voulait satisfaire : l'homme est né pour le travail, il voulait
être un fainéant ; en un mot c'est un mauvais sujet qui mérite*

*d'être puni. Mais d'un autre côté on serait tenté de dire que les hommes ne sont pas dignes de le voir punir, qu'ils ne méritent pas les lois justes qui les protègent : ce méchant que l'on punit, ce sont eux le plus souvent qui lui ont appris à le devenir ; il se serait contenté de son nécessaire, de sa cabane, du revenu de son travail et de la médiocrité de ses plaisirs, s'il n'avait pas vu des hommes dont le luxe, les richesses, la mollesse et la fainéantise ont allumé son orgueil, son avarice et ses vices.*

Rousseau écrira : l'homme est né bon et la société le déprave ; Marivaux pensait, cinquante ans auparavant : l'homme est né mauvais et la fréquentation de ses semblables le rend pire. Marivaux fait dire au personnage principal du *Paysan parvenu* (roman, 1736) : *Il n'y a que trois mois que je suis sorti de mon village, et je n'ai pas encore eu le temps d'empirer et de devenir méchant.*

Plusieurs comédies mettent des princes en scène et les humbles ont leur franc parler devant eux. *Vous êtes mon prince, et je vous aime bien ; mais je suis votre sujet et cela mérite quelque chose.* Que ce soit dans *La double Inconstance* ou dans *Le Prince travesti*, c'est Arlequin qui, avec sa bonhomie coutumière, formule des critiques ou présente de justes revendications. Les unes et les autres ne sont pas uniquement dictées par la situation où il se trouve, elles sont aussi le raccourci des pensées que Marivaux a développées dans *Le Spectateur français* : *Celui à qui son état et son opulence peuvent fournir tout à souhait, qui pour jouir de tout n'a qu'à le vouloir, que font les lois à son égard ? Dans quelle occasion peut-il en sentir le frein ? Fût-il né sans vertu, en les violant, que gagnerait-il qu'il n'ait pas déjà ?... Il peut goûter de tous les plaisirs, cela est vrai, mais malheureusement il en a satiété ; une seule chose le ragoûterait dont la privation le chagrine, c'est la fille ou la femme d'un homme à qui il n'y a pas moyen de les ôter, les lois le défendant encore. Quelle rigueur !* Le prince de *La double Inconstance* a fait enlever Silvia, mais pareil abus de pouvoir ne s'est-il pas produit avant et pendant la Régence ? *Quel est le prince qui jouit des vrais biens attachés au trône ? C'est celui qui sait faire un généreux usage de la crainte et du respect que la majesté de son rang inspire. Cette crainte et ce respect sont les moindres de ses droits, ou plutôt, ils ne font que lui préparer ses véritables droits. Craint, il est encore le maître, aimé, le voilà roi.*

Un des personnages du *Prince travesti* est le ministre de

Frédéric. Ambitieux et fourbe, serviteur de ses intérêts, même au détriment de ceux de l'État, Frédéric semble avoir été pour Marivaux un subterfuge habile pour porter un jugement sévère sur le ministre du Régent, le Cardinal Dubois, mort dans l'année qui a précédé celle de la création du *Prince travesti*. Quelques années plus tard, Marivaux décrit un ministre parfait selon lui, et, dans le portrait qu'il en trace, on ne peut s'empêcher d'y voir une idéalisation du cardinal de Fleury, ministre de Louis XV de 1726 à 1743 ; il y intercale une appréciation judicieuse des grands ministres du siècle précédent.

*C'était un homme âgé, mais grand, d'une belle figure et d'une bonne mine, d'une physionomie qui vous rassurait en la voyant, qui vous calmait, qui vous remplissait de confiance, et qui était comme un gage de la bonté qu'il aurait pour vous et de la justice qu'il allait vous rendre. C'étaient de ces traits que le temps a moins vieillis qu'il ne les a rendus respectables. Figurez-vous un visage qu'on aime à voir sans songer à l'âge qu'il a ; on se plaisait à sentir la vénération qu'il inspirait, la santé même qu'on y remarquait avait quelque chose de vénérable ; elle y paraissait encore moins l'effet d'un tempérament que le fruit de la sagesse, de la sérénité et de la tranquillité de l'âme. Cette âme y faisait rejaillir la douceur de ses mœurs ; elle y peignait l'aimable et consolante image de ce qu'elle était ; elle l'embellissait de toutes les grâces de son caractère, et ces grâces-là n'ont point d'âge... Il y avait dans sa façon de gouverner un mérite bien particulier, et qui était jusqu'alors inconnu dans tous les ministres.*

*Nous en avons eu dont le nom est pour jamais consacré dans nos histoires ; c'étaient de grands hommes, mais qui durant leur ministère avaient eu soin de tenir les esprits attentifs à leurs actions, et de paraître toujours suspects d'une profonde politique. On les imaginait toujours entourés de mystères ; ils étaient bien aises qu'on attendît d'eux de grands coups, même avant qu'ils les eussent faits ; que dans une affaire épineuse on pensât qu'ils seraient habiles, même avant qu'ils le fussent ; c'était là une opinion flatteuse dont ils faisaient en sorte qu'on les honorât ; industrie superbe, mais que leurs succès rendaient, à la vérité, bien pardonnable. En un mot, on ne savait point où ils allaient, mais on les voyait aller ; on ignorait où tendaient leurs mouvements, mais on les voyait se remuer, et ils se plaisaient à être vus, et ils disaient : Regardez-moi.*

LE CARDINAL
DE FLEURY.

Celui-ci, au contraire, disait-on, gouvernait à la manière des sages dont la conduite est douce, simple, sans faste et désintéressée pour eux-mêmes ; qui songent à être utiles, et jamais à être vantés ; qui font de grandes actions dans la seule pensée que les autres en ont besoin, et non pas à cause qu'il est glorieux de les avoir faites. Ils n'avisent point qu'ils seront habiles, ils se contentent de l'être, et ne remarquent pas même qu'ils l'ont été. De l'air dont ils agissent, leurs opérations les plus dignes d'estime se confondent avec leurs actions les plus ordinaires ; rien ne les en distingue en apparence ; on n'a point de nouvelles du travail qu'elles ont coûté ; c'est un génie sans ostentation qui les a conduites ; il a tout fait pour elles et rien pour lui : d'où il arrive que ceux qui en retirent le fruit le prennent souvent comme on le leur donne, et sont plus contents que surpris ; il n'y a que les gens qui pensent qui ne sont point les dupes de la simplicité du procédé qui les mène.

Il en était de même à l'égard du ministre dont il est question : fallait-il surmonter des difficultés presque insurmontables ; remédier à tel inconvénient presque sans remède ; procurer une gloire, un avantage, un bien nécessaire à l'État ; rendre traitable un ennemi qui l'attaquait, et que sa douceur, que l'embarras des temps où il se trouvait ou que la modestie de son ministère abusait, il faisait tout cela, mais aussi discrètement, aussi uniment, avec aussi peu d'agitation qu'il faisait tout le reste. C'étaient des mesures si paisibles, si imperceptibles ; il se souciait si peu de vous préparer à toute l'estime qu'il allait mériter, qu'on eût pu oublier de le louer malgré toutes ses actions louables. C'était comme un père de famille qui veille au bien, au repos et à la considération de ses enfants ; qui les rend heureux sans leur vanter les soins qu'il se donne pour cela, parce qu'il n'a que faire de leur éloge ; les enfants, de leur côté, n'y prennent pas trop garde, mais ils l'aiment. Et ce caractère, une fois connu dans un ministre, est bien neuf et bien respectable ; il donne peu d'occupation aux curieux, mais beaucoup de tranquillité aux sujets.

A l'égard des étrangers, ils regardaient ce ministre-ci comme un homme qui aimait la justice et avec qui ils ne gagneraient rien à ne pas l'aimer eux-mêmes ; il leur avait appris à régler leurs ambitions, et à ne craindre aucune mauvaise tentative de la sienne.

Les difficiles problèmes de la politique extérieure sont résolus quotidiennement, en paroles, par des bavards presque aussi ridicules que ce nouvelliste dépeint par Marivaux :

Il parlait de la dernière paix avec l'Allemagne et l'Angleterre, il jetait les ministres dans des intrigues politiques, il s'étonnait de leur habileté ; et je remarquai qu'insensiblement la dignité du sujet étourdissait cet homme, qu'elle réfléchissait sur son âme, et la remuait d'un sentiment d'élévation personnelle. De la façon dont cela se passait dans son esprit, je voyais que c'était lui qui se réconciliait avec les puissances, ou plutôt qu'il était tour à tour, l'Allemagne, l'Angleterre, la Hollande et la France. Il avait fait la guerre, il faisait la paix. L'admiration judicieuse qu'il avait pour les ministres lui en glissait une de la même valeur pour lui-même. Bientôt les ministres et lui ne faisaient qu'un, sans qu'il s'en doutât. Je sentais que dans son intérieur il parcourait un vaste champ de vues politiques ; il exagérait sa matière avec volupté ; c'était l'homme chargé des affaires de tous ces

*royaumes, car il était Allemand, Hollandais, Anglais, Français, il était tout, pour avoir le mérite de tout faire. Quelquefois la difficulté des négociations nécessaires l'étonnait extrêmement ; mais je le voyais venir ; il ne perdait rien à s'étonner, il en avait plus d'honneur à percer dans les voies qu'on avait tenues pour faire ces négociations. Il ne disait pas tout ce qu'il apercevait, il lui suffisait d'être soupçonné d'une pénétration profonde, et de voir ses auditeurs avouer, dans leur humble silence, qu'il en savait plus qu'eux. (S. f.)*

En retranchant, d'une scène du *Prince travesti*, le nom d'une nation, le dialogue qui s'échange devient celui de ministres qui seraient nos contemporains.

— *... La trop grande proximité des deux États entretient depuis vingt ans des guerres qui ne finissent que pour peu de temps et qui recommenceront bientôt entre deux nations voisines, et dont les intérêts se croiseront toujours. Vos peuples sont fatigués ; mille occasions vous ont prouvé que vos ressources sont inégales aux nôtres. La paix que nous venons de faire avec vous, vous la devez à des circonstances qui ne se rencontreront pas toujours. Si la... n'avait été occupée ailleurs, les choses auraient bien changé de face.*

— *Point du tout, il en aurait été de cette guerre comme de toutes les autres. Depuis tant de siècles que cet État se défend contre le vôtre, où sont vos progrès ? Je n'en vois point qui puissent justifier cette grande inégalité de forces dont vous parlez.*

— *Vous ne vous êtes soutenus que par des secours étrangers.*

— *Ces mêmes secours dans bien des occasions vous ont aussi rendu de grands services ; et voilà comment subsistent les États : la politique de l'un arrête l'ambition de l'autre.* (Acte II, scène VIII.)

Les considérations sur la politique extérieure sont très rares chez Marivaux ; en revanche, durant toute sa vie il n'a cessé de répéter que les hommes sont égaux, mais que pour beaucoup de peuples *les autres hommes ne sont pas encore leurs frères ; ils les regardent comme des créatures. Et cette égalité, des personnages très graves et très sensés l'oublient. Je dis qu'ils l'oublient, car il est impossible qu'ils l'ignorent ; et si vous leur parlez de cette égalité, ils ne la nieront pas : mais ils ne la savent que pour en discourir, et non pas pour la croire ; ce n'est pour eux qu'un trait d'érudition, qu'une morale de conversation et non pas une vérité d'usage.* (*Éducation d'un prince.*)

HOUDAR DE LA MOTTE

FONTENELLE
par Greuze

# Ses conceptions littéraires

Lorsqu'en 1714, la fameuse Querelle des Anciens et des Modernes se ranima, Marivaux était lié depuis quatre ans avec Lamotte et Fontenelle, dont il avait épousé les idées. La thèse des Modernes correspondait trop aux tendances du jeune Marivaux (il avait alors vingt-cinq ans) pour qu'il ne s'y ralliât point. Les modernes, écrivait Lamotte, ont voulu qu'on rendît justice à tous les temps, que l'on sentît le beau partout où il est, sans acception de siècle, et qu'on ne fît pas les Modernes d'une autre espèce que les Anciens. En 1716, la Querelle s'apaisa ; en 1717, Marivaux publia néanmoins *L'Iliade travestie*. C'est une charge assez grossière, une déformation souvent triviale du poème grec ; c'est en somme la prolongation des railleries dont il avait accablé auparavant les ouvrages sentimentaux, chevaleresques et surchargés de merveilleux, où ses contemporains se complaisaient. Dans trois romans de jeunesse, en effet, il avait burlesquement multiplié des aventures invraisemblables ou des sentiments exagérés dont, par un trait ironique, il soulignait le ridicule.

Plusieurs années après que la Querelle eût perdu son acuité, Marivaux railla gentiment, à deux reprises, dans des comédies, les champions des Anciens.

*Un ami que je rencontrai me proposa de me mener chez un honnête particulier qui était marié, et qui passait sa vie à étudier des langues mortes ; cela me convenait assez, car j'ai de l'étude : je restai donc chez lui. Là je n'entendis parler que de sciences, et je remarquai que mon maître était épris de passion pour certains quidams qu'il appelait les anciens et qu'il avait une souveraine antipathie pour d'autres, qu'il appelait les modernes... Il voulait qu'on eût quatre mille ans sur la tête pour valoir quelque chose. Oh ! moi, pour gagner son amitié, je me mis à admirer tout ce qui me paraissait ancien... J'avais la clef de la cave, où logeait un certain vin vieux qu'il appelait son vin grec, il m'en donnait quelquefois, et j'en détournais aussi quelques bouteilles ; par amour louable pour tout ce qui était vieux. Non que je négligeasse le vin nouveau ; je n'en demandais point d'autres à sa femme, qui vraiment estimait bien autrement les modernes que les anciens ; et, par complaisance pour son goût, j'en emplissais aussi quelques bouteilles, sans lui en faire ma cour... Qui n'aurait pas cru que cette conduite aurait dû me concilier ces deux esprits ? Point du tout ; ils s'aperçurent du ménagement judicieux que j'avais pour chacun d'eux ; ils m'en firent un crime. Le mari crut les anciens insultés par la quantité de vin nouveau que j'avais bu, il m'en fit mauvaise mine. La femme me chicana sur le vin vieux ; j'eus beau m'excuser, les gens de parti n'entendent point raison ; il fallut les quitter, pour avoir voulu me partager entre les anciens et les modernes.* (*La fausse Suivante*, Acte I, scène I.)

Le trait qui termine la scène IV de l'acte II, dans *La seconde Surprise de l'Amour*, n'est pas l'opinion de la Marquise, mais celle de Marivaux.

HORTENSIUS. — *... Le choix* [de ces livres] *ne me paraît pas docte ; dans dix tomes, pas la moindre citation de nos auteurs grecs ou latins, lesquels, quand on compose, doivent fournir tout le suc d'un ouvrage ; en un mot, ce ne sont que des livres modernes, remplis de phrases spirituelles ; ce n'est que de l'esprit, toujours de l'esprit, petitesse qui choque le sens commun.*

LA MARQUISE. — *Mais de l'esprit ! est-ce que les anciens n'en avaient pas ?*

HORTENSIUS. — *Ah ! Madame, distinguo ; ils en avaient d'une manière... Oh ! d'une manière que je trouve admirable.*

LA MARQUISE. — *Expliquez-moi cette manière.*

HORTENSIUS. — *Je ne sais pas trop bien quelle image employer pour cet effet, car c'est par les images que les anciens peignaient les choses. Voici comme parle un auteur dont j'ai retenu les paroles. Représentez-vous, dit-il, une femme coquette : primo, son habit est en pretintailles ; au lieu de grâces, je lui vois des mouches ; au lieu de visage, elle a des mines ; elle n'agit point, elle gesticule ; elle ne regarde point, elle lorgne ; elle ne marche pas, elle voltige ; elle ne plaît point, elle séduit ; elle ne s'occupe point, elle amuse ; on la croit*

*belle et moi je la tiens ridicule, et c'est à cette femme imperti-*
*nente que ressemble l'esprit d'à présent, dit l'auteur.*

LA MARQUISE. — *J'entends bien.*

HORTENSIUS. — *L'esprit des anciens, au contraire, conti-*
*nue-t-il, ah! c'est une beauté si mâle, que pour démêler qu'elle*
*est belle, il faut se douter qu'elle l'est : simple dans ses façons,*
*on ne dirait pas qu'elle ait vu le monde ; mais ayez seulement*
*le courage de vouloir l'aimer, et vous parviendrez à la trouver*
*charmante.*

LA MARQUISE. — *En voilà assez, je vous comprends :*
*nous sommes plus affectés, et les anciens plus grossiers.*

La préférence de Marivaux pour les Modernes provient
du fait que ceux-ci secondent les progrès de l'esprit
humain, alors que les Anciens les entravent. Les boule-
versements d'une époque ont enfanté des idées nouvelles,
bonnes ou mauvaises, mais qui furent un enrichissement.

*Le plus borné de tous les peuples d'aujourd'hui, l'est*
*beaucoup moins que ne l'était le plus borné de tous les peuples*
*d'autrefois... La quantité d'idées qui étaient dans le monde*
*avant que les Romains l'eussent soumis et, par conséquent,*
*tout agité, était bien au-dessous de la quantité d'idées qui y*
*entra par l'insolente prospérité des vainqueurs, et par le*
*trouble et l'abaissement du monde vaincu. Chacun de ces*
*états enfanta un nouvel esprit et fut une expérience sur la*
*terre... Une grande quantité d'idées et une grande disette*
*de goût dans les ouvrages de l'esprit, peuvent fort bien se*
*rencontrer ensemble, et ne sont point incompatibles... L'art*
*d'employer les idées pour les ouvrages de l'esprit peut se*
*perdre : les Lettres tombent, la critique et le goût disparaissent,*
*les Auteurs deviennent ridicules ou grossiers, pendant que le*
*fond de l'esprit humain va toujours croissant parmi les*
*hommes. (Le Miroir.)*

Les titres des deux premiers romans de Marivaux révèlent l'intention satirique qui l'animait en les écrivant :
*Pharsamon ou Les folies romanesques,* et *Les aventures de ★★★*
*ou Les effets surprenants de la sympathie,* sont des parodies.
Un troisième roman, *La Voiture embourbée,* très supérieur
aux deux premiers, accuse cette intention dans le passage
que voici :

*A ce peu de mots, Ariobarsane, sans attendre la réponse*
*du fier inconnu, donne à la porte un grand coup de son sabre,*
*avec une force et une vigueur qui montrent qu'il n'a plus rien*
*des faiblesses de son sexe ; Bradamante, dans ses plus terribles*

*faits d'armes, ne fit peut-être aucune action qui pût aller de pair avec ce coup d'essai de notre nouvel Ariobarsane.*

Bradamante est une guerrière du *Roland furieux* de l'Arioste ; le début du nom d'Ariobarsane a quatre lettres de celui de l'Arioste. La *Voiture embourbée* est, dans cet épisode, une parodie burlesque du poème italien ; un autre passage est celle d'un conte des *Mille et une nuits*, et non point un joli pas dans la voie profonde du marquis de Sade, ainsi que l'écrit, à la légère, un commentateur récent. *La Voiture embourbée* est de 1714, année de la mort de Galland, traducteur des *Mille et une nuits*, dont la publication a duré une douzaine d'années (1704-1717). Les feuilles XV à XIX du *Spectateur français* (1722-1723) sont une réponse aux *Lettres persanes* (1721) ; les premières feuilles sont présentées comme étant le journal d'un Espagnol, les suivantes comme les mémoires d'une femme qui a réfléchi sur la religion, la morale et l'amour, à la façon du Persan de Montesquieu. En 1727 paraît la traduction du *Voyage de Gulliver* ; la même année Marivaux écrit *Les petits Hommes ou L'Ile de la Raison*. Sans trop s'aventurer, on peut donc dire que certaines œuvres de Marivaux sont dues à ses réactions devant un ouvrage d'autrui. Cette tendance, évidente au milieu de sa carrière, a été le principal moteur des romans de sa jeunesse. Il y tourne en ridicule ceux de d'Urfé, des Scudéry ou de La Calprenède. *Pharsamon* est en outre un nom bien voisin de celui de *Pharamond*, roman de La Calprenède.

*Il savait qu'il fallait rêver : c'était l'ordre et la maxime des amants romanesques ; il aurait mieux aimé ne boire de sa vie, que d'enfreindre des lois qu'il regardait comme inviolables à tous ceux qui voulaient aimer noblement.*

*Les interruptions des discours* [amoureux] *sont semées dans les beaux livres, et la belle dut, dans cette occasion, faire usage de ses lectures.* (*Pharsamon*, édit. de 1830.)

*C'était un de ces évanouissements de commande, qui semblait nécessaire à Cidalise pour revêtir son aventure de toutes les formalités requises. Elle aimait mieux pécher par le trop que par le peu. Les coups d'essai sont rarement des coups de maître, et souvent on fait mal ce qu'on veut trop bien faire.* (*Ibid.*)

*Les romans ne lui avaient pas manqué, non plus qu'à lui, mais l'imagination d'une femme, dans ces sortes de lectures (soit dit sans offenser le sexe), va bien plus vite que celle d'un homme, et en est plus tôt remplie. (Ibid.)*

*Oh ! c'en est fait ; je m'ennuie de ces fades compliments dont presque tous les romans sont remplis. (Ibid.)*

*Je connais bien cette espèce d'amour languissant, et tous ses devoirs ; mais franchement je n'ai pas cru que ce fût celui dont le cœur se servît dans l'occasion. Je l'ai pris pour cet amour que l'on imprime, dont on remplit de gros volumes de romans ; mais tu joues un jeu à mourir de fatigue, si tu veux imiter les amantes que ce fou de La Calprenède a faites avec une plume et de l'encre. Il faut s'imaginer, ma chère, qu'un cœur romanesque fournit plus d'amour lui seul que n'en fournissait tout Paris ensemble... Mon cœur a déjà critiqué dans les amants de Pharamond des lenteurs, des timidités, des fiertés, qui autrefois étaient tout à fait de mon goût. J'ai trouvé que ces gens-là s'amusaient trop à se respecter, à se fâcher ou à se plaindre, et que les meilleures occasions périssaient entre leurs mains... Si toutes ces folies étaient d'usage, et si les amants d'aujourd'hui se ballottaient comme ceux-là, le mariage serait assez inutile ; car on ne serait d'accord qu'après quatre-vingts ans de martyre. (Cinq lettres contenant une aventure.)*

*On ne chantera plus que des sentiments, cela est bien plat. (Réunion des Amours, scène V.)*

Ayant rejeté tout ce qui est littérature romanesque, Marivaux a voulu être le peintre de la réalité.

*Au lieu d'une histoire véritable, vous avez cru lire un roman... Un héros de roman infidèle ! on n'aurait jamais rien vu de pareil. Il est réglé qu'ils doivent tous être constants ; on ne s'intéresse à eux que sur ce pied-là, et il est d'ailleurs si aisé de les rendre tels ! Il n'en coûte rien à la nature, c'est la fiction qui en fait les frais... Vous avez pris le change. Je vous récite ici des faits qui vont comme il plaît à l'instabilité des choses humaines, et non pas des aventures d'imagination qui vont comme on veut. Je vous peins, non pas un cœur fait à plaisir, mais le cœur d'un homme, d'un Français qui a réellement existé de nos jours. (Marianne.)*

Un annotateur de Marivaux, Duviquet, s'est étonné de voir un personnage de Marivaux critiquer la tragédie et la comédie. Marivaux, en effet, goûtait peu la force comique, parfois trop grosse, de Molière. Croire qu'il condamnait la tragédie est une erreur. Voici le passage de *L'Ile de la Raison* qui a surpris Duviquet :

LE POÈTE. — *Je m'amusais dans mon pays à des ouvrages d'esprit, dont le but était tantôt de faire rire, tantôt de faire pleurer les autres.*

BLECTRUE. — *Des ouvrages qui font pleurer ! Cela est bien bizarre.*

LE POÈTE. — *On appelle cela des tragédies, que l'on récite en dialogues, où il y a des héros si tendres, qui ont tour à tour des transports de passion si merveilleux ; de nobles coupables qui ont une fierté si étonnante, dont les crimes ont quelque chose de si grand, et les reproches qu'ils s'en font sont si magnanimes ; des hommes enfin qui ont de si respectables faiblesses, qui se tuent quelquefois d'une manière si admirable et si auguste, qu'on ne saurait les voir sans en avoir l'âme émue et pleurer de plaisir. Vous ne me répondez rien.*

BLECTRUE. — *...Quel pot-pourri de crimes admirables et de faiblesses augustes ! Il faut que leur raison ne soit qu'un coq-à-l'âne. Continuez.*

LE POÈTE. — *Et puis il y a des comédies où je représentais les vices et les ridicules des hommes.*

BLECTRUE. — *Ah ! Je leur pardonne de pleurer là.*

LE POÈTE. — *Point du tout ; cela les faisait rire.*

BLECTRUE. — *Pleurer où l'on doit rire, et rire où l'on doit pleurer. Les monstrueuses créatures.* (Acte I, scène X.)

L'étonnement de Duviquet est absurde. Le poète de *L'Ile de la Raison* donne des définitions burlesques. Si l'on veut savoir ce que Marivaux pensait de la tragédie, il faut se reporter au *Spectateur français*.

*A la représentation d'une tragédie, je me trouvais auprès d'un homme qui la critiquait, cependant qu'il larmoyait en la critiquant. De sorte que son cœur faisait la critique de son esprit. Deux dames spirituelles lui répondaient de la bouche : vous avez raison, et de leurs yeux pleurants lui disaient : vous avez tort. Moi-même, je l'avoue, j'avais quelquefois envie de désapprouver des choses qui me faisaient beaucoup de plaisir. Si c'est un défaut que de plaire ainsi, je vous le laisse à juger. Mais, pour moi, je crois que notre esprit n'est qu'un mauvais rêveur toutes les fois qu'en pareil cas, il n'est pas de l'avis du cœur.*

Attaqué plus souvent qu'à son tour, Marivaux admet la critique, mais il veut qu'elle soit prudente et impartiale.

— *Un livre imprimé, relié, sans préface, est-il un livre ? Non sans doute : il ne mérite point encore ce nom ; c'est une manière de livre, livre sans brevet, ouvrage de l'espèce de ceux qui sont livres, ouvrage candidat, aspirant à le devenir, et qui n'est digne de porter véritablement ce nom, que revêtu de cette dernière formalité ; alors le voilà complet. Qu'il soit plat, médiocre, bon ou mauvais, il porte avec sa préface le nom de livre dans tous les endroits où il court : une seule épithète le différencie de ses pareils, bon ou mauvais.*

— *Un habile homme, après avoir lu un livre, peut bien dire : il ne me plaît pas, mais il ne décidera jamais qu'il est mauvais, qu'après avoir comparé ses idées à celles des autres... Plus on a d'esprit, plus on voit de choses, et pour lors on démêle, on aperçoit tant de sentiments différents, tant de goûts qui peuvent combattre ou balancer le nôtre, qu'avant d'avoir pesé le plus ou le moins de valeur qu'ils ont tous, on est bien long à se prouver qu'en tout genre ce qui ne nous plaît pas ne doit raisonnablement plaire à personne.*

— *Lorsque dans une affaire de goût, un homme d'esprit en trouve plusieurs autres qui ne sont pas de son sentiment, cela doit l'inquiéter, ce me semble, ou il a moins d'esprit qu'il ne pense.*

— *Je voudrais des critiques qui pussent corriger et non pas gâter, qui réformassent ce qu'il y aurait de défectueux dans le caractère d'esprit d'un auteur, et qui ne lui fissent pas quitter ce caractère. Il faudrait aussi pour cela, si c'était possible, que la malice ou l'inimitié des partis n'altérât pas la lumière de la plupart des hommes, ne leur dérobât point l'honneur de juger équitablement, n'employât pas toute leur attention à s'humilier les uns les autres, à déshonorer ce que leurs talents peuvent avoir d'heureux, à se ruiner réciproquement dans l'esprit du public ; de façon que, sur leur rapport, vous, lecteur, vous méprisez souvent des ouvrages que vous estimeriez ; ou, si vous les avez lus, je gagerai que les endroits où l'auteur a pensé le mieux vous ont paru les plus mauvais, par la raison qu'ils vous ont fait plus d'impressions que le reste, et que, disposé comme vous étiez, cette impression a dû vous choquer au même degré qu'elle vous aurait plu.*

—*Si la critique est bonne, elle m'instruit, elle m'apprend à mieux faire ; si, au contraire, elle est mauvaise, ou si je la crois telle, franchement, je lève un peu les épaules sur ceux qui la font, je me moque un peu d'eux entre cuir et chair ; et en pareil cas, rire de son prochain, c'est toujours quelque chose.*

*— Je ne suis pas surpris qu'il y ait des gens qui critiquent impoliment, malhonnêtement, injurieusement et qui aient recours à ce moyen honteux pour donner quelque débit à leurs livres ; il y a de mauvais sujets dans tous les métiers, si métier peut se dire ici.*

*— Que le talent d'auteur traîne après lui de petitesse !*

*— Les esprits supérieurs... n'exigent pas dans un ouvrage toute l'excellence qu'ils y pourraient souhaiter ; plus indulgents que les demis esprits, ce n'est pas au poids de tout leur goût qu'ils le pèsent pour l'estimer. Ils composent, pour ainsi dire, avec un auteur ; ils observent avec finesse ce qu'il est capable de faire, eu égard à ses forces ; et s'il le fait, ils sont contents, parce qu'il a été aussi loin qu'il pouvait aller.* (Dédicace à la duchesse du Maine de *La seconde Surprise de l'Amour.*)

*Au lieu de faire de si belles choses, et de les dédier à la Fortune, qui n'y entend rien, dédiez vos ouvrages à la Malice humaine ; elle est riche ; elle vous paiera bien ; la bonne dame n'est pas délicate sur tout ce qui l'amuse. Avec elle, il vous en coûtera la moitié moins de peine, pour avoir de l'esprit: vous brillerez avec une commodité infinie ; et ce sera le Pérou pour vous.*

Le réalisme de Marivaux excluait la licence. Crébillon fils ne devait guère qu'à elle le succès de ses deux premiers romans ; il raillait le théâtre de Marivaux, le trouvant trop subtil et rempli de finesses intelligibles seulement pour leur auteur. Un passage du *Paysan parvenu* est une critique de Crébillon, mais il est aussi l'exposé des idées de Marivaux en matière littéraire :

*Je ne suis guère en état de juger votre ouvrage ; ce n'est pas un livre fait pour moi, je suis trop vieux. Je crois que dans une grande jeunesse on peut avoir du plaisir à le lire ; tout est bon à cet âge où l'on ne demande qu'à rire, et où l'on est si avide de joie qu'on la prend comme on la trouve ; mais nous autres barbons, nous y sommes un peu plus difficiles ; nous ressemblons là-dessus à ces friands dégoûtés que les mets grossiers ne tentent point, et qu'on n'excite à manger qu'en leur en donnant de fins et de choisis ! D'ailleurs, je n'ai point vu le dessein de votre livre ; je ne sais à quoi il tend, ni quel*

*Crébillon fils.*

en est le but. *On dirait que vous ne vous êtes pas donné la peine de chercher des idées, mais que vous avez pris seulement toutes les imaginations qui vous sont venues ; ce qui est différent. Dans le premier cas, on travaille, on rejette, on choisit ; dans le second, on prend ce qui se présente, quelque étrange qu'il soit, et il se présente toujours quelque chose ; car je pense que l'esprit fournit toujours, bien ou mal.*

*Au reste, si les choses extraordinaires peuvent être curieuses, si elles sont plaisantes à force d'être libres, votre livre doit plaire, si ce n'est à l'esprit, du moins aux sens ; mais je crois encore que vous vous êtes trompé là-dedans, faute d'expérience ; et, sans compter qu'il n'y a pas grand mérite à intéresser de cette manière, et que vous m'avez paru avoir assez d'esprit pour réussir par d'autres voies, c'est qu'en général ce n'est pas connaître les lecteurs que d'espérer les toucher beaucoup par là. Il est vrai, Monsieur, que nous sommes naturellement libertins, ou, pour mieux dire, corrompus ; mais en fait d'ouvrages d'esprit, il ne faut pas prendre cela à la lettre, ni nous traiter d'emblée sur ce pied-là. Un lecteur veut être ménagé. Vous, auteur, voulez-vous mettre sa corruption dans vos intérêts ? Allez-y doucement du moins, apprivoisez-la, mais ne la poussez pas à bout.*

*Ce lecteur aime pourtant les licences, mais non les licences extrêmes, excessives ; celles-là ne sont supportables que dans la réalité qui en adoucit l'effronterie ; elles ne sont à leur place que là, et nous les y passons, parce que nous y sommes plus hommes qu'ailleurs ; mais non pas dans un livre, où elles deviennent plates, sales et rebutantes, à cause du peu de convenance qu'elles ont avec l'état tranquille d'un lecteur.*

*Il est vrai que ce lecteur est homme aussi ; mais c'est alors un homme en repos, qui a du goût, qui est délicat, qui s'attend qu'on fera rire son esprit, qui veut pourtant bien qu'on le débauche, mais honnêtement, avec des façons et de la décence. Tout ce que je dis là n'empêche pas qu'il n'y ait de jolies choses dans votre livre ; assurément, j'y en ai remarqué plusieurs de ce genre.*

*A l'égard de votre style, je ne le trouve point mauvais ; seulement il y a quelquefois des phrases allongées, lâches et par là confuses, embarrassées ; ce qui vient apparemment de ce que vous n'avez pas assez débrouillé vos idées, ou que vous ne les avez pas mises dans un certain ordre. Mais vous ne faites que commencer, Monsieur, et c'est un petit défaut dont vous vous corrigerez en écrivant, aussi bien que de celui de critiquer les autres, et surtout de les critiquer de ce ton aisé et badin que vous avez tâché d'avoir, et avec cette confiance dont vous rirez vous-même, ou que vous vous reprocherez quand vous serez un peu plus philosophe, et que vous aurez acquis une certaine façon de penser plus mûre et plus digne de vous. Car vous aurez plus d'esprit que vous n'en avez ; au moins j'ai vu de vous des choses qui le promettent ; vous ne ferez pas même grand cas de celui que vous avez eu jusqu'ici, et à peine en ferez-vous un peu de tout l'esprit du même genre qu'on peut avoir ; voilà du moins comment sont ceux qui ont le plus écrit, à ce qu'on leur entend dire. (Le Paysan parvenu.)*

Quel que soit l'accueil réservé à ses ouvrages, un écrivain ne doit pas se décourager :

*Soupçonnerait-on un contemplateur des choses humaines, un homme âgé qui doit être raisonnable, tranchons le mot, un philosophe, le soupçonnerait-on de s'être dégoûté d'écrire, seulement parce qu'il y a des gens dans le public qui méprisent ce qu'il fait ?*

Il ne faut guère conserver d'illusion sur l'influence

que les écrivains peuvent exercer, et, devançant Paul Valéry, Marivaux de dire :

*A quoi bon faire des livres pour instruire les hommes ; les passions n'ont jamais lu ; il n'y a point d'expériences pour elles, elles se lassent quelquefois, mais elles ne se corrigent guère ; et voilà pourquoi tant d'événements se répètent. (Réflexions sur les Hommes.)*

Il est difficile à un écrivain d'être modeste quand il parle de lui, et simple quand il réfléchit :

*Quand un auteur regarde son livre, il se sent tout gonflé de la vanité de l'avoir fait... Là-dessus, il dresse une préface dans l'intention d'être humble ; et vous croyez qu'il va l'être, il le croit lui aussi... Faibles créatures que nous sommes ! nous ne faisons que du galimatias, quand nous voulons parler de nous avec modestie.*

*Les faiseurs de livres diront qu'ils ne cherchent que le sens commun quand ils écrivent. Mais celui qui est cherché ne vaut rien ; il n'y a que le bon qui nous vient dans le besoin ; c'est le véritable, et il arrive sans qu'on le cherche. Il est tout simple et ne sait point se redresser, se mettre sur ses ergots pour faire le prédicateur à propos de rien, il laisse cette peine à l'esprit, qu'on peut appeler son singe, et qui, sous le nom pompeux de philosophie, nous donne souvent des visions pour de la science.*

Le bon sens dicte en effet les réflexions que Marivaux a prodiguées dans ses deux romans de l'âge mûr, et, par l'entremise de son héroïne, Marianne, il s'en excuse et s'en justifie :

*Je suis insupportable avec mes réflexions, vous le savez bien...*

*... Vous me dites que* [parmi vos amis] *il y en a quelques-uns à qui les réflexions que je fais souvent n'ont pas déplu ; qu'il y en a d'autres qui s'en seraient bien passés. Je suis à présent comme ces derniers, je m'en passerai bien aussi, ma religieuse de même ; ce ne sera pas une babillarde comme je l'ai été ; elle ira vite, et quand ce sera mon tour de parler, je ferai comme elle.*

*Mais je songe que ce mot de babillarde, que je viens de mettre sur mon compte, pourrait fâcher d'honnêtes gens qui ont aimé mes réflexions. Si elles n'ont été que du babil, ils ont donc eu tort de s'y plaire, ce sont donc des lecteurs de mauvais goût. Non pas, Messieurs, non pas ; je ne suis point de cet avis ; au contraire, je n'oserais dire le cas que je fais de vous,*

# LE PAYSAN
# PARVENU,
## OU
# LES MÉMOIRES
## DE M***

*Par M.* DE MARIVAUX.

## SECONDE PARTIE.

Le prix est de 24. sols.

## À PARIS,

Chez PRAULT, Pere, Quai de
Gêvres, au Paradis.

## M. DCC. LVI.

*Avec Approbation & Privilége du Roi.*

# LE PAYSAN

PARVENU,

*o u*

# LES MEMOIRES

DE M***

 E fuis donc fur le Théa-
tre de la Comédie : fi
cette pofition étonne
mon lecteur, elle avoit
bien plus lieu de me furprendre.
Qu'on fe repréfente le nouveau
M. de la Vallée, avec fa petite
doublure de foie qui, un inftant
plutôt, fe trouvoit déplacé, parce qu'il étoit entre quatre ou cinq

*Partie VI.* A

*ni combien je me sens flattée de votre approbation là-dessus.
Quand je m'appelle une babillarde, entre nous, ce n'est qu'en
badinant et par complaisance pour ceux qui m'ont trouvée
telle ; la vérité est que je continuerais de l'être, s'il n'était
pas plus aisé de ne l'être point. Vous me faites beaucoup
d'honneur, en approuvant que je réfléchisse ; mais aussi ceux
qui veulent que je m'en tienne au simple récit des faits me font
grand plaisir ; mon amour-propre est pour vous, mais ma
paresse se déclare pour eux, et je suis un peu revenue des
vanités de ce monde ; à mon âge on préfère ce qui est commode
à ce qui n'est que glorieux. (Marianne.)*

Pourquoi Marivaux écrivait-il ? il écrivait pour son
plaisir personnel. Comment s'y prenait-il pour composer
un ouvrage ? Comment rédigeait-il ? A lui de l'expliquer.

*Que l'esprit de l'homme est sot, et que les bons auteurs
sont de grandes dupes, quand ils se donnent la peine de faire
de bons ouvrages ! S'ils n'écrivaient que pour se divertir,
comme je fais à présent, moi, passe encore. Un lecteur, quelque
ostrogoth qu'il soit, ne saurait, par exemple, mordre sur le
plaisir que j'y prends ; je l'en défie. Qu'il dise, s'il veut, que
mon livre ne vaut rien, peu m'importe ; il n'est pas fait pour
valoir mieux. Je ne songe pas à le rendre bon ; ce n'est pas là
ma pensée. Je suis bien plus raisonnable que cela, vraiment ;
je ne songe qu'à me le rendre amusant.*

Durant toute sa vie, Marivaux a pris plaisir à se laisser
guider par sa fantaisie.

*— Ne semble-t-il pas après tout, à monsieur le critique que,
parce qu'il a ri quelque part, on soit obligé de lui fournir
toujours de quoi rire ? Qu'il s'en passe, s'il lui plaît ; un
peu de bigarrure me divertit. Suivez-moi, cher lecteur. A
vous dire le vrai, je ne sais pas bien où je vais ; mais c'est le
plaisir du voyage... Si vous me prenez pour un auteur, vous
vous trompez : je me divertis... J'aimerais autant rien que de
composer sans s'applaudir un peu soi-même de ce qu'on écrit,
et principalement quand on n'écrit que pour se divertir, et
qu'en voulant se divertir, on croit s'apercevoir qu'on plaît...
Je ne trouve, à mon gré, rien de plus fatigant que le récit
d'une conversation, fût-elle la plus amusante ; et si je l'ai
fait quelquefois, c'est que quelquefois je suis comme Homère ; il
s'assoupit de temps en temps, et moi je dors... Auteurs, ne
jurez jamais de rien ; ne promettez rien ; ce que l'on promet*

*aux lecteurs est souvent la chose que l'on tient le moins...*
*Quand on ne sait où l'on va, s'il arrive qu'on se conduise*
*passablement, on est plus adroit que ceux qui marchent la*
*carte en main.* (*Pharsamon*, passim.)

— *Je préférerais toutes les idées fortuites, que le hasard*
*nous donne, à celles que la recherche la plus ingénieuse pour-*
*rait nous fournir dans le travail... Je ne destine aucun carac-*
*tère à mes idées ; c'est le hasard qui leur donne le ton ; de là*
*vient qu'une bagatelle me jette quelquefois dans le sérieux,*
*pendant que l'objet le plus grave me fait rire.*

— *Je crois pour moi, qu'à l'exception de quelques génies*
*supérieurs qui n'ont pu être maîtrisés, et que leur propre force*
*a préservés de toute mauvaise dépendance, de tout temps, la*
*plupart des auteurs nous ont moins laissé leur propre façon*
*d'imaginer que la pure imitation de certain goût d'esprit...*
*Ainsi avons-nous très rarement le portrait de l'esprit humain*
*dans sa figure naturelle : on ne nous le peint que dans un état*
*de contorsion ; il ne va point son pas, pour ainsi dire, il a*
*toujours une marche d'emprunt... Combien d'écrivains, pour*
*éviter le reproche de n'être pas naturels, font justement tout*
*ce qu'il faut pour ne pas l'être, et d'autres qui se rendent fades,*
*de crainte qu'on leur dise qu'ils courent après l'esprit.*

— *Quand j'ai mis la plume à la main, je ne voulais vous*
*entretenir que de moi, je vous l'avais dit ; mais ne vous fiez*
*pas à mon esprit ; il se moque de l'ordre et ne veut que se di-*
*vertir.*

— *Je vous l'ai déjà dit, je me moque des règles, et il n'y a*
*pas grand mal ; notre esprit ne vaut pas trop la peine de*
*toute la façon que nous faisons souvent après lui ; nous*
*avons trop d'orgueil pour la capacité qu'il a, et nous le char-*
*geons presque toujours de plus qu'il ne peut porter. Pour moi,*
*ma plume obéit aux fantaisies du mien ; et je serais bien fâché*
*que cela fût autrement ; car je veux qu'on trouve de tout dans*
*mon livre... Qu'est-ce qu'un auteur méthodique ? Comment,*
*pour l'ordinaire, s'y prend-il pour composer ? Il a un sujet*
*fixe sur lequel il va travailler ; fort bien. Il s'engage à le traiter,*
*l'y voilà cloué ; allons, courage. Il a une demi-douzaine de*
*pensées dans la tête sur lesquelles il fonde tout l'ouvrage.*
*Elles naissent les unes des autres, elles sont conséquentes, à ce*
*qu'il croit du moins ; comme si le plus souvent il ne les devait*
*pas à la seule envie de les avoir, envie qui en trouve, n'en fût-il*
*point, qui en forge, qui les lie ensuite, et leur donne des rap-*
*ports de sa façon, sans que le pauvre auteur sente cela, ni ne*

*s'en doute. Car il s'imagine que le bon sens a tout fait, ce bon sens si difficile à avoir, ce bon sens qui rendrait les livres si courts, qui en ferait si peu s'il les composait tous, à moins qu'il n'en fît d'aussi peu gênants que le mien.*

*— Les savants, tout fiers qu'ils sont de leur science, ont quelquefois des moments où la vérité leur échappe d'abondance de cœur, et où ils se sentent si las de leur présomption qu'ils la quittent pour respirer en francs ignorants comme ils sont : cela les soulage ; et moi, de mon côté, j'avais besoin de dire ce que je pensais d'eux.*

*— Je vais comme je puis, je n'ai garde de songer que je fais un livre, cela me jetterait dans un travail d'esprit dont je ne sortirais pas ; je m'imagine que je vous parle, et tout se passe dans la conversation. Continuons-la donc.*

*— Je crois que ceux qui font des livres les feraient bien meilleurs, s'ils ne voulaient pas les faire si bons ; mais d'un autre côté, le moyen de ne pas vouloir les faire bons ? Ainsi, nous ne les aurons jamais meilleurs.*


Marivaux avait un peu plus de vingt-cinq ans lorsqu'il travaillait à *L'Iliade travestie*. Dans la préface de cet ouvrage, il a défini ce qui, à l'âge qu'il avait, lui paraissait être ou burlesque ou comique, soit dans l'idée, soit dans l'expression. De ces considérations, enfiévrées par la querelle des Anciens et des Modernes, il ne faut retenir que les pensées se rattachant aux réparties et aux jeux de scène qui égaieront le théâtre de Marivaux avec tant de mesure et de distinction.

*J'ai tâché de divertir par une combinaison de pensées qui fût comique et facétieuse, et qui, sans le secours des termes, eût un fond plaisant, et fît une image réjouissante. Cette sorte de comique, quand on l'attrape, est bien plus sensible à l'esprit qu'un mot bouffon, qui ne fait rire qu'une fois ; car en riant à la pensée présente qu'on lit, on rit encore par réflexion à la phrase passée, qui donne occasion à la phrase suivante ; de sorte que le comique est toujours présent à l'esprit ; ce ne sont plus les termes que l'on cherche, et que l'on souhaite : c'est comme un dénouement d'intrigue qu'on attend, et dont la suite, que l'on ne sait pourtant pas, divertit par avance, par les rapports plaisants que l'on sent qu'elle aura avec le commencement. Pour moi, je crois que l'esprit est bien plus occupé par ce burlesque, que par celui qui n'est que dans les termes... La vivacité de l'expression n'est pas dans elle-même, elle est toute dans l'idée qu'elle exprime ; de là vient qu'elle frappe bien plus ceux qui pensent d'après l'esprit pur, que ceux qui, pour ainsi dire, sentent d'après l'imagination. Cette vivacité d'esprit dont je parle a cela de beau qu'elle éclaire ce qu'elle touche, elle le pénètre d'évidence : on en aperçoit la sagesse et le vrai, d'une manière qui porte le caractère de ces deux choses, c'est-à-dire distincte ; elle ne fait point un plaisir imposteur et confus, comme celui que produit le feu de l'imagination ; on ne sait rendre raison du plaisir que l'on y trouve. Cette vivacité, telle que je viens de la décrire, n'est point un genre à accepter de ces termes bouillants et qui sentent l'enthousiasme. Il lui faut une expression qui fixe positivement ses idées ; et c'est de cette justesse si rare que naît cette façon de s'exprimer simple, mais sage et majestueuse, sensible à peu de gens autant qu'elle doit l'être, et que, faute de la connaître, n'estiment point ces sortes de génies qui laissent débaucher leur imagination par celle d'un auteur dont le plus grand mérite serait de l'avoir vive.*

L'irrévérence finale à l'égard d'Homère est bien grande et la sévérité envers les partisans des Anciens aussi exagérée qu'est excessif ici l'éloge de Lamotte. Le modernisme éloignait Marivaux des héros épiques et le rapprochait des personnages étrangers à l'outrance, soit dans leurs actions, soit dans leurs sentiments. De là son élégant réalisme, de là sa prédilection pour les gens de modeste condition qui figurent au premier plan dans ses deux grands romans.

*Tout ce que j'ai rapporté n'est qu'un tissu d'aventures bien simples, bien communes, d'aventures dont le caractère paraîtrait bas et trivial à beaucoup de lecteurs, si je les faisais imprimer. Je ne suis encore qu'une petite lingère, et cela les dégoûterait. Il y a des gens dont la vanité se mêle de tout ce qu'ils font, même de leurs lectures. Donnez-leur l'histoire du cœur humain dans les grandes conditions, ce devient là pour eux un objet important ; mais ne leur parlez pas des états médiocres, ils ne veulent voir agir que des seigneurs, des princes et des rois, ou du moins des personnes qui aient fait grande figure. Il n'y a que cela qui existe pour la noblesse de leur goût. Laissez là le reste des hommes : qu'ils vivent, mais qu'il n'en soit pas question. Ils vous diraient volontiers que la nature aurait bien pu se passer de les faire naître, et que les bourgeois la déshonorent.*

L'observateur qui épie les humains doit faire un choix parmi ses remarques :

*Peignez la nature à un certain point ; mais abstenez-vous de la saisir dans ce qu'elle a de trop caché ; sinon vous paraîtrez aller plus loin qu'elle ou la manquer.*

Décrire les gens est plus difficile que les connaître :

*On ne saurait rendre en entier ce que sont les personnes ; du moins cela ne me serait pas possible ; je connais bien mieux celles avec qui je vis que je ne les définirais ; il y a des choses en elles que je ne définis point assez pour les dire, et que je n'aperçois que pour moi, et non pas pour les autres ; ou si je les disais, je les dirais mal. Ce sont des objets de sentiments si compliqués et d'une netteté si délicate qu'ils se brouillent dès que ma réflexion s'en mêle ; je ne sais plus où les prendre pour les exprimer : de sorte qu'ils sont en moi, et non pas à moi. N'êtes-vous pas de même ? Il me semble que mon âme, en mille occasions, en sait plus qu'elle n'en peut dire et qu'elle a un esprit à part, qui est bien supérieur à celui que j'ai d'ordinaire. Je crois aussi que les hommes sont bien au-dessus de tous les livres qu'ils font.*

*On peut ébaucher un portrait en peu de mots ; mais le détailler exactement, c'est un ouvrage sans fin.*

La subtilité des analyses éclaire les recoins des âmes et les vulgarise :

*L'homme qui pense beaucoup approfondit les sujets qu'il traite ; il les pénètre, il y remarque des choses d'une extrême finesse, que tout le monde sentira quand il les aura dites, mais qui, de tout temps, n'ont été remarquées que de très peu de gens.*

Il faut prendre comme une boutade ce que Marianne dit du style : *....Le style, je ne sais pas seulement ce que c'est. Comment fait-on pour en avoir un ? Celui que je vois dans les livres, est-ce le bon ? Pourquoi donc est-ce qu'il me déplaît tant le plus souvent ?*

Marivaux a un style qui est bien à lui, il en convient, et, dans l'avertissement de sa comédie *Les Serments indiscrets*, il affirme que son style est le plus naturel possible, et qu'il n'en changera point, bien que maints critiques l'aient accusé de se répéter.

*A l'égard du genre de style et de conversation, je conviens qu'il est le même que celui de* La Surprise de l'Amour *et*

*de quelques autres pièces ; mais je n'ai pas cru pour cela me*
*répéter en l'employant encore ici : ce n'est pas moi que j'ai*
*voulu copier, c'est la nature, c'est le ton de la conversation*
*en général que j'ai tâché de prendre ; ce ton-là a plu extrê-*
*mement et plaît encore dans les autres pièces, comme singu-*
*lier, je crois ; mais mon dessein était qu'il plût comme naturel,*
*et c'est peut-être parce qu'il l'est effectivement qu'on le croit*
*singulier, et que, regardé comme tel, on me reproche d'en*
*user toujours.*

*On est accoutumé au style des auteurs, car ils en ont un*
*qui leur est particulier : on n'écrit presque jamais comme*
*on parle ; la composition donne un autre tour à l'esprit ;*
*c'est partout un goût d'idées pensées et réfléchies dont on ne*
*sent point l'uniformité, parce qu'on y est fait : mais si par*
*hasard vous quittez ce style, et que vous portiez le langage*
*des hommes dans un ouvrage, et surtout dans une comédie,*
*il est sûr que vous serez d'abord remarqué ; et, si vous plaisez,*
*vous plaisez beaucoup, d'autant plus que vous paraissez*
*nouveau : mais revenez-y souvent, ce langage des hommes*
*ne vous réussira plus, car on ne l'a pas remarqué comme*
*tel, mais simplement comme le vôtre, et on croira que vous*
*vous répétez.*

*Je ne dis pas que ceci me soit arrivé : il est vrai que j'ai*
*tâché de saisir le langage des conversations et la tournure*
*des idées familières et variées qui y viennent, mais je ne me*
*flatte pas d'y être parvenu ; j'ajouterai seulement là-dessus*
*qu'entre gens d'esprit, les conversations dans le monde*
*sont plus vives qu'on ne pense, et que tout ce qu'un auteur*
*pourrait faire pour les imiter n'approchera jamais du feu*
*et de la naïveté fine et subite qu'ils y mettent.*

Parler au théâtre comme on parle dans la vie était une
innovation, à une époque où presque toutes les comédies
étaient écrites en vers. Le naturel auquel Marivaux essaie
d'atteindre, ainsi qu'il le dit avec modestie, reflète néanmoins l'élégance d'expression en usage dans les salons
que l'écrivain fréquentait. La même distinction d'écriture
caractérise ses œuvres en dehors du théâtre, même lorsque
c'est une marchande ou un cocher qui se disputent ; et,
lorsque l'altercation est sur le point d'user d'un langage
trivial, Marivaux résume la suite de la querelle au lieu
de la transcrire. Non que le réalisme verbal l'effraie ;
il ne le redoutait pas dans sa jeunesse, mais, avec l'âge,
il s'est assagi. *La peste soit des pommes, et du fils de putain*

*qui m'a fait peur*, écrivait-il dans *Pharsamon*, et dans *L'Iliade travestie*, il tombe trop souvent dans une déplaisante vulgarité. Le style qui est devenu le sien, celui des chefs-d'œuvre, a moins d'importance, aux yeux de Marivaux, que n'en a la pensée que ce style exprime, qu'il s'agisse du sien ou de celui de ses confrères.

*C'est toujours du style que l'on parle, et jamais de l'esprit de celui auquel appartient ce style... Un homme qui sait bien sa langue, qui connaît tous les mots, tous les signes dont elle se compose, et la valeur précise des mots conjugués ou non, pourra penser mal, mais exprimera toujours bien ses pensées... Le vice d'un style, s'il y en a un, n'est qu'une conséquence bien exacte du vice des pensées... Si l'idée de l'auteur est juste, que trouvez-vous à redire au signe dont il se sert pour exprimer cette idée ?*

A toutes les critiques que ses contemporains lui prodiguaient Marivaux a répondu une dernière fois, dans *Le Paysan parvenu*. En quelques lignes il justifie sa manière d'écrire, qui est fonction de la subtilité de ses analyses psychologiques. Pour peser ces riens, qui ont tant d'importance dans la vie humaine, il a construit la balance, délicate et ultra-sensible, de son style.

*Il y a des lecteurs fâcheux, quoique estimables, avec qui il vaut mieux laisser là ce qu'on sent que le dire, quand on ne peut l'exprimer que d'une manière qui paraîtrait singulière ; ce qui arrive quelquefois pourtant, surtout dans les choses où il est question de rendre ce qui se passe dans l'âme, cette âme qui se tourne en bien plus de façons que nous n'avons de moyens pour les dire, et à qui du moins on devrait laisser, dans son besoin, la liberté de se servir des expressions du mieux qu'elle pourrait, pourvu qu'on entendît clairement ce qu'elle voudrait dire, et qu'elle ne pût employer d'autres termes sans diminuer ou altérer sa pensée. Ce sont les disputes fréquentes qu'on fait là-dessus qui sont cause de ma parenthèse : je ne m'y serais pas engagé si j'avais cru la faire si longue.*

Ces lignes deviennent émouvantes pour qui sait que, découragé par l'hostilité ou l'indifférence du public, Marivaux a renoncé non seulement à achever son roman, mais qu'en outre il n'a plus jamais été tenté d'en commencer un autre.

Le destin, semble-t-il, a décidé, lui aussi, que l'histoire personnelle de Marivaux serait incomplète. Des maisons amies et notoires, fréquentées assidûment par l'écrivain, il ne subsiste guère qu'une partie de l'hôtel habité par la marquise de Lambert. A l'angle de la rue Ménars et de la rue de Richelieu, la pioche des démolisseurs vient de raser la maison où Marivaux est mort, et l'on ignore l'endroit de sa sépulture. Pour qui veut se rapprocher matériellement de lui, il ne reste donc ni les murs intacts d'un salon où l'imagination pourrait évoquer sa présence, ni la dalle funèbre où l'admiration pourrait se recueillir.

L'hôtel de la Marquise de Lambert,
avant la démolition de l'arcade Colbert, et dans son état présent.

# La critique et Marivaux

« Il croyait être naturel dans ses comédies, parce que le style qu'il prête à ses acteurs, est celui qu'il avait lui-même.

À travers ce jargon si précieux, si éloigné de la nature... les acteurs se répondent toujours ce qu'ils doivent dire et se répondre dans la situation où ils se trouvent.

M. de Marivaux, en voulant mettre dans ses tableaux populaires trop de vérité, s'est permis quelques détails ignobles, qui détonnent avec la finesse de ses autres desseins.

Un autre inconvénient de cet esprit et de ce style, c'est d'entraîner l'auteur dans une suite continue et fatigante de réflexions qui, tout ingénieuses qu'elles peuvent être, ralentissent l'action et refroidissent la marche.

Si M. de Marivaux n'était un modèle ni de style ni de goût, du moins il avait racheté ce défaut par beaucoup d'esprit, et par une manière qu'il n'avait empruntée à personne. »

D'ALEMBERT, *Éloge de Marivaux.*

LA HARPE a répété le jugement partial de d'Alembert :

« C'est le mélange le plus bizarre de métaphysique subtile et de locutions triviales, de sentiments alambiqués et de dictons populaires ; jamais on n'a mis autant d'apprêt à vouloir paraître simple ; jamais on n'a retourné de pensées communes de tant de manières plus affectées les unes que les autres. »

« Dans Marivaux, l'impatience de faire preuve de finesse et de sagacité perçait visiblement. »

MARMONTEL, *Mémoires.*

« Le marivaudage est un style où l'on raffine sur le sentiment et l'expression. »

LITTRÉ.

◀ *Jeux de cartes,*
gravure de Lancret.

« Marivaux met la difficulté et le nœud dans le scrupule même, dans la curiosité, la timidité ou l'ignorance, ou dans l'amour-propre et le point d'honneur piqué des amants.

Ce sont des chicanes de cœur qu'ils se font, c'est une guerre d'escarmouches morales.

De tous les hommes, Marivaux est celui qui cherche le plus à se rendre compte.

C'est un théoricien et un philosophe, beaucoup plus perçant qu'on ne croit sous sa mine coquette.

Marivaux est un de ces écrivains auxquels il suffirait de retrancher pour ajouter à ce qui leur manque. »

SAINTE-BEUVE.

« On s'est aperçu que pour écrire comme Marivaux, il fallait avoir bien de l'esprit, bien de l'imagination, bien de la grâce. On a donc réhabilité ce mot-là, le marivaudage, et je ne pense pas qu'il y ait aujourd'hui beaucoup de gens d'esprit assez mal avisés pour s'en fâcher. »

JULES JANIN.

« Les pièces de Marivaux, comme plus tard celles de Musset, ne vieilliront pas... parce que sous le déguisement d'un jour... l'un et l'autre vont chercher, au plus profond du cœur humain, la source fraîche, pure et sacrée des larmes. »

PAUL SOUDAY.

« Ce qu'on appelle marivaudage est l'insincérité même... Or que voyons-nous chez Marivaux et à quoi correspond cette interprétation qu'on a donnée de son œuvre et qu'il ne reconnaîtrait pas ?... Réduire ce mécanisme (celui des hésitations amoureuses) à une formalité de salon, c'est enlever à Marivaux tout ce qu'il a et tout ce qui fait de lui un des plus grands auteurs français, c'est-à-dire cette sincérité perpétuellement douloureuse et cependant si maîtresse d'elle-même qu'on a pu voir une discipline et presque un jeu dans un désordre de sensibilité. »

EDMOND JALOUX.

« [Marivaux est le maître de la fiction] sans doute la plus précieuse, la plus épurée, la plus sublimée qu'aucun auteur ait jamais proposée... Marivaux a porté à un point d'excellence jamais atteint jusqu'alors, cette convention raffinée au point d'être dépouillée de tout réalisme, jusqu'à la notion du symbole. »

LOUIS JOUVET.

« L'élégance du style, la fantaisie des personnages ne doivent pas nous tromper. Le débat du héros et de l'héroïne n'est pas le jeu d'une coquetterie ou d'une crise, mais la recherche d'un assentiment puissant qui les liera pour une vie commune de levers, de repas et de repos. Pas d'ingénue. Aucune prude. Les femmes de Marivaux sont les aînées, plus loyales mais à peine moins averties, des femmes de Laclos. Leurs balancements, leurs décisions ne puisent pas leur valeur dans leur inconsistance, mais au contraire dans la vie que leur confère un corps toujours présent. Qui a cherché l'imaginaire chez Marivaux ? Ses scènes sont les scènes de ménage ou de fiançailles du monde vrai. »

JEAN GIRAUDOUX.

« La chance et la malchance de Marivaux ont la même origine. Une si parfaite coïncidence entre sa vie et son œuvre, entre les conventions qu'il accepte au théâtre et l'objet d'étude qu'il se fixe, entre les nécessités de sa langue et les habitudes de son temps, une absence de décalage et de désaccord si frappante entre ses dons et ceux de son siècle, entre son message personnel et les moyens d'expression qu'ont forgés pour lui ses contemporains — tout cela fait de Marivaux, en apparence, l'incarnation même de la plus brillante banalité, la figure la plus attendue, la plus ordinaire et la plus nécessaire d'une civilisation définie. »

CLAUDE ROY.

# DISCOURS

*Prononcé à l'Académie Françoise, le 4 Février 1743, par M. de MARIVAUX, lorsqu'il y vint prendre séance à la place de feu M. l'Abbé de HOUTTEVILLE, avec la Réponse de M. l'Archevêque de Sens.*

## MESSIEURS,

L'INSTANT où j'appris que j'avois l'honneur d'être élu, me parut l'instant le plus cher & le plus intéressant que vous pussiez jamais me procurer. Je me trompois ; je ne l'avois pas encore comparé à celui où j'ai la joie de voir tous

# Quelques dates

**1688.** **4 février : naissance à Paris de Pierre Carlet de Chamblain de Marivaux.**

1710. Marivaux, lié avec Fontenelle et Lamotte, devient un habitué du salon de Mme de Lambert.

1717. Marivaux épouse Colombe Bologne, dotée de 40.000 livres.

1719. Naissance de Colombe-Prospère de Marivaux.

1720. Marivaux est ruiné par la banqueroute de Law.

1723. Mort de Mme de Marivaux.

1730. Ouverture du salon de Mme du Deffand. Marivaux le fréquente.

1732. Marivaux est un familier de Mlle Quinault et de son frère, acteurs de la Comédie Française.

1733. Ouverture du salon de Mme de Tencin. C'est elle qui fera élire Marivaux à l'Académie.

1742. Rousseau soumet à Marivaux une comédie : *Narcisse*.

1743. Réception de Marivaux à l'Académie Française.

1744. Marivaux devient le commensal de Mlle de Saint-Jean.

1745. La fille de Marivaux entre au couvent ; elle prononce ses vœux en 1746.

1757. Marivaux et Mlle de Saint-Jean s'installent rue de Richelieu et se constituent une rente viagère.

**1763. 12 février : mort de Marivaux.**

# *Chronologie des œuvres principales*

C. I. : comédie créée par les Comédiens Italiens.
C. F. : comédie créée par les Comédiens Français.
T. F. : tragédie créée par les Comédiens Français.

L'indication qui suit est celle du nombre de représentations consécutives à la création de la pièce.

<table>
<tr><td>1706</td><td>Le Père prudent et équitable, un acte en vers</td><td></td></tr>
<tr><td>1712</td><td>Pharsamon, ou Les folies romanesques</td><td>Roman</td></tr>
<tr><td>1713</td><td>Les Aventures de ***, ou les effets surprenants de la sympathie</td><td>Roman</td></tr>
<tr><td>1714</td><td>La Voiture embourbée</td><td>Roman</td></tr>
<tr><td>1717</td><td>L'Iliade travestie<br>Télémaque travesti</td><td></td></tr>
<tr><td>1720</td><td>Cinq lettres contenant une aventure</td><td>Roman inachevé</td></tr>
<tr><td></td><td>L'Amour et la Vérité (en collaboration avec St-Jorry ; sauf le prologue, le texte est perdu)</td><td>C. I. 1</td></tr>
<tr><td></td><td>Annibal, cinq actes en vers</td><td>T. F. 3</td></tr>
<tr><td></td><td>Arlequin poli par l'Amour, un acte</td><td>C. I. 12</td></tr>
<tr><td>1722</td><td>La Surprise de l'Amour, trois actes</td><td>C. I. 16</td></tr>
<tr><td></td><td>Le Spectateur français</td><td>Recueil de récits</td></tr>
</table>

En 1755, Marivaux a écrit *La Femme fidèle*, comédie en un acte, jouée sur le théâtre du comte de Clermont. On ne possède que d'importants fragments de cette œuvre. En raison de la lourdeur du style, il est difficile d'attribuer à Marivaux *La Provinciale*, comédie en un acte parue dans le *Mercure* en 1761.

# Bibliographie

## ÉDITIONS COMPLÈTES

1781    Paris, Vve Duchesne, 12 vol. in-8°.
1825-1830    Paris, Haut-Cœur et Gayet Jeune, 10 vol. in-8°, annotations de Duviguet.
    Paris, Dauthereau, annotations de Duviguet.

## ÉDITIONS INCOMPLÈTES

1862-1865    Paris, Hachette. Œuvres choisies.
1878    Paris, Laplace et Sanchez, 1 vol. in-8°, théâtre seulement.
1929-1930    Paris, Cité des Livres, 5 vol. in-8°, théâtre seulement.
1946    Paris, Les Éditions nationales, 2 vol., théâtre seulement.
1949    Paris, La Pléiade, 1 vol. théâtre, 1 vol. romans. (Ce volume contient : *La Voiture embourbée*, *Marianne*, *Le Paysan parvenu* et des fragments des autres œuvres).
1964    Paris, Éditions du Seuil, Collection « l'Intégrale », 1 vol., théâtre complet.
1875    Paris, Garnier, *Marianne* (ne figure plus au catalogue).
1875    Paris, Garnier, *Le Paysan parvenu*, 1 vol.
1875    Paris, Garnier, *Théâtre choisi*, 2 vol.
1946    Paris, Stock, *Marianne*, 1 vol.

## PRINCIPAUX OUVRAGES SUR MARIVAUX

M. ARLAND : *Marivaux*. Paris, N. R. F., 1950.

F. DELOFFRE : *Une préciosité nouvelle : Marivaux et le Marivaudage*. Paris, les Belles Lettres, 1955.

M.-J. DURRY : *Quelques nouveautés sur Marivaux*. Paris, Boivin, 1939. *A propos de Marivaux*. Paris, C.U.D.E.S. 1960.

J. FABRE : *Marivaux*. Paris, Gallimard, 1963. Encyclopédie de la Pléiade, les Littératures, tome III.

J. FLEURY : *Marivaux et le Marivaudage*. Paris, Plon, 1881.

J. GIRAUDOUX : *Hommage à Marivaux*. (Lu à la Comédie Française le 4 février 1943 pour commémorer le 255e anniversaire de la mort de Marivaux) in *Théâtre complet de Marivaux*. Édition Bastide et Fournier, 1947.

E. GOSSOT : *Marivaux moraliste*. Paris, Didier, 1881.

É. HENRIOT : *La poésie de Marivaux*. in *le XVIIIe siècle*. Paris, la Renaissance du Livre, 1961.

G. LARROUMET : *Marivaux, sa vie et ses œuvres*. Paris, Hachette, 1882.

LESDROS DE LA VERSANE : *L'esprit de Marivaux*. Paris, Vve Pierre, 1769.

R. MAUZI : *Marivaux romancier*. in *Le Paysan parvenu*. Paris, 1965, Collection 10/18 (nos 259-260).

E. MEYER : *Marivaux*. Paris, Boivin, 1930.

C. ROY : *Lire Marivaux*. « les Cahiers du Rhône ». Éditions du Seuil-Éditions de la Baconnière, 1947.

J. SCHÉRER : *Marivaux et Pirandello*. Paris, Julliard, « Cahiers Renaud-Barrault » no 28, janvier 1960.

# ŒUVRES DE MARIVAUX EN LIBRAIRIE

ARLEQUIN POLI PAR L'AMOUR : Larousse, coll. « Classiques ».

LA COMMÈRE : Hachette, épuisé.

LA DOUBLE INCONSTANCE : Larousse, coll. « Classiques ». Bordas.

L'ÉCOLE DES MÈRES : Hatier, coll. « Classiques pour tous ».

LES FAUSSES CONFIDENCES : Larousse, coll. « Classiques ». Hatier, épuisé. F. Daber (avec 12 litho. de Brianchon). Bordas (avec annot. de M. Poupelin).

LE JEU DE L'AMOUR ET DU HASARD : Larousse, coll. « Classiques ». Hatier coll. « Classiques pour tous ». Hachette, coll. « Vaubourdolle ». De Gigord, coll. « Nos auteurs classiques ». Bordas, (avec annot. de P. Michel).

JOURNAUX ET ŒUVRES DIVERSES : Garnier, coll. « Classiques »; coll. « Prestige ». Larousse, coll. « Classiques ».

LE LEGS : Calmann-Lévy, épuisé.

LA NOUVELLE COLONIE, L'ILE DES ESCLAVES : Hatier, épuisé.

ŒUVRES COMPLÈTES : Éditions du Seuil, coll. « L'Intégrale » (Préf. de Jacques Scherer, présentation et notes de Bernard Dort).

ŒUVRES DE JEUNESSE : Gallimard, coll. « Bibliothèque de la Pléiade » (préf. F. Deloffre et C. Rigault).

LE PAYSAN PARVENU : Garnier (édition présentée par F. Deloffre); coll. « Prestige, série C »; coll. « Garnier-Flammarion ». U.G.E. (diff. Sequana), coll. « 10/18 ». Larousse, coll. « Classiques ».

LE PETIT MAITRE CORRIGÉ : Droz.

ROMANS, RÉCITS, CONTES ET NOUVELLES (La voiture embourbée, La vie de Marianne, Le paysan parvenu, Récits, Contes et Nouvelles) : Gallimard, coll. « Bibliothèque de la Pléiade ».

LES SERMENTS INDISCRETS, suivi de LA NAVETTE de Henry Becque : L'Avant-Scène, épuisé.

LE TÉLÉMAQUE TRAVESTI : Droz.

THÉATRE : Hachette, coll. « Flambeau ». Le Livre de poche, série « classiques », 2 T.; série « classiques reliés » 2 T.

THÉATRE COMPLET : Gallimard, coll. « Bibliothèque de la Pléiade » (Préf. et annot. de Marcel Arland). Magnard, coll. « Les classiques verts », 2 vol. Garnier (édité en 2 vol.) : T. 1 texte établi avec introd., chrono., index et glossaire par le Pr. Frédéric Deloffre), coll. « Classiques », coll. « Sélecta »; coll. « Prestige ».

THÉATRE CHOISI : Hazan, épuisé. P.U.F., 2 vol. Laffont, épuisé.

LA VIE DE MARIANNE : Stock. Garnier, coll. « Classiques »; coll. « Prestige »; coll. « Sélecta ».

# Table

## ILLUSTRATIONS

◄  *L'Ile des Esclaves* (Comédie-Française).

collections microcosme
# ÉCRIVAINS DE TOUJOURS

◆ ACHEVÉ D'IMPRIMER EN 1987 PAR L'IMPRIMERIE TARDY QUERCY S.A. — BOURGES
D. L. 4e TRIM. 1954 - N° 645-10 (13915)